INTRODUÇÃO

Você já se imaginou vivendo uma vida em que o dinheiro flui para você sem a necessidade de trabalhar longas horas? Parece bom demais para ser verdade, não é mesmo? Mas acredite, existe um segredo para conquistar essa liberdade financeira e este livro está prestes a revelá-lo para você!

Prepare-se para embarcar em uma jornada transformadora, repleta de estratégias práticas e comprovadas. Você descobrirá como explorar um mundo cheio de possibilidades para criar uma renda sem trabalhar incansavelmente.

Desde investimentos inteligentes até a magia dos ativos, passando pelo poder do marketing de afiliados e da automação, mergulharemos em conceitos fundamentais para alcançar o sucesso financeiro.

Aqui, você encontrará valiosos insights sobre a importância da educação financeira, a mentalidade necessária para trilhar esse caminho e a persistência como fator-chave para o seu progresso.

Você será inspirado pelas histórias de sucesso de pessoas reais que conseguiram transformar suas vidas financeiras. E, além disso, aprenderá como criar um plano de ação eficaz, gerenciar riscos, superar desafios, construir uma rede de suporte sólida e manter-se motivado e em constante crescimento.

Este livro é o seu guia completo para

desvendar o segredo de como ganhar dinheiro sem trabalhar arduamente. Está na hora de começar a trilhar o caminho rumo à liberdade financeira. Aproveite essa oportunidade e descubra um mundo de possibilidades que irá revolucionar sua vida para sempre!

CAPÍTULO 1: O SONHO DA RENDA SEM TRABALHO

Você já sonhou em ter uma fonte constante de renda sem precisar trabalhar horas intermináveis? Em nosso ebook, revelaremos histórias inspiradoras de pessoas comuns que transformaram suas vidas financeiras através de métodos inteligentes e inovadores. Descubra como eles conquistaram a tão desejada liberdade financeira e se permita imaginar um futuro onde você também pode alcançar esse estilo de vida.

No Capítulo 1, exploraremos o sonho da renda sem trabalho, um objetivo que muitas pessoas têm em comum: encontrar uma maneira de gerar renda passiva que permita desfrutar da liberdade financeira e aproveitar a vida ao máximo. Ao longo deste capítulo, iremos examinar algumas estratégias e conceitos fundamentais que podem ajudá-lo a alcançar esse sonho.

1. Entendendo a renda passiva:
 - Definição e conceito: O que é renda passiva e como ela difere da renda ativa?
 - Os benefícios da renda passiva: Explorando as vantagéns de obter renda sem trabalhar diretamente por ela.

2. Identificando oportunidades de renda passiva:

- Investimentos imobiliários: Explorando a possibilidade de obter renda através de aluguéis e propriedades.

- Investimentos financeiros: Descobrindo como investir em ações, títulos, fundos mútuos e outras opções para gerar renda passiva.

- Propriedade intelectual: Como criar e vender produtos digitais, como livros eletrônicos, cursos online e música.

- Dividendos de ações: Entendendo como investir em empresas que distribuem parte dos lucros aos acionistas.

3. Explorando a economia compartilhada:

- Aluguel de imóveis: Ganhar dinheiro alugando quartos, casas ou apartamentos através de plataformas online.

- Compartilhamento de carros: Transformando seu veículo em uma fonte de renda alugando-o para outras pessoas.

- Economia sob demanda: Aproveitando a flexibilidade dos aplicativos de transporte, entrega e serviços para obter renda adicional.

4. A importância do marketing de afiliados:

- Como funciona o marketing de afiliados: Entendendo o processo de promover produtos ou serviços de outras empresas em troca de comissões.

- Escolhendo um nicho de mercado: Identificando uma área de interesse e encontrar produtos ou serviços relevantes para promover.

- Construindo uma audiência: Aprenda estratégias para atrair e engajar seu público-alvo para aumentar suas chances de sucesso como afiliado.

5. Explorando o poder dos ativos financeiros:

- Dividendos: Como investir em empresas que pagam dividendos regulares aos acionistas.
- Títulos de renda fixa: Explorando opções de investimento com retornos previsíveis e estáveis.
- Fundos de investimento: Aproveitando a diversificação e gestão profissional para obter retornos consistentes.

6. O papel da educação financeira:

- Entendendo os conceitos financeiros básicos: A importância do planejamento financeiro, orçamento e controle de gastos.
- Aprender sobre investimentos: Adquirir conhecimentos sobre diferentes classes de ativos, estratégias de investimento e avaliação de riscos.
- Desenvolvendo habilidades de negociação: Aprimorar suas habilidades de negociação para obter melhores condições e aproveitar oportunidades financeiras.
- Gerenciamento de dívidas: Compreender os riscos associados ao endividamento e aprender estratégias para evitar o acúmulo de dívidas desnecessárias.

7. O poder da automatização:

- Automatizando finanças pessoais: Explorando ferramentas e aplicativos para automatizar pagamentos, economizar e investir regularmente.
- Automação de negócios: Aprender como implementar sistemas automatizados para gerenciar processos de negócios e aumentar a eficiência.

8. Cultivando a mentalidade do sucesso

financeiro:

- Crenças e mindset: Identificar e superar crenças limitantes relacionadas ao dinheiro e adotar uma mentalidade de abundância e crescimento.

- Estabelecendo metas financeiras: Definir metas claras e realistas que o ajudem a visualizar e alcançar sua independência financeira.

9. Persistência e resiliência:

- Superando obstáculos: Reconhecer que o caminho para a renda sem trabalho pode ter desafios e aprender a superá-los com determinação.

- Aprender com falhas: Utilizar experiências adversas como oportunidades de aprendizado e ajustar estratégias para alcançar melhores resultados.

10. Histórias de sucesso inspiradoras:

- Exemplos reais de pessoas comuns que conquistaram a renda sem trabalho através de diferentes estratégias e abordagens.

- Descobrir como essas pessoas superaram desafios e transformaram suas vidas financeiras, inspirando você a buscar seu próprio sucesso.

No final deste livro, você terá uma base sólida para começar a explorar as possibilidades de obter renda sem trabalho. Compreenderá os conceitos fundamentais por trás dessa busca e terá uma visão clara das estratégias e abordagens que serão exploradas nos próximos capítulos. Prepare-se para embarcar em uma jornada de descoberta e aprendizado que o levará em direção à tão desejada liberdade financeira.

CAPÍTULO 2: EXPLORANDO AS POSSIBILIDADES

Juntos, vamos explorar diferentes formas de ganhar dinheiro sem trabalhar no sentido tradicional. Aprenderemos sobre investimentos estratégicos, negócios escaláveis, criação de ativos e outras oportunidades empolgantes que podem gerar uma renda passiva estável. Prepare-se para descobrir um mundo de possibilidades financeiras e se surpreender com as opções disponíveis.

1. Investimentos em renda fixa: Uma opção popular para aqueles que buscam uma renda passiva estável é investir em títulos de renda fixa, como títulos do governo, Certificados de Depósito Bancário (CDB) ou Letras de Crédito Imobiliário (LCI). Esses investimentos oferecem retornos regulares sem exigir trabalho ativo.

2. Dividendos de ações: Outra maneira de ganhar uma renda passiva é investir em ações que pagam dividendos. Algumas empresas distribuem regularmente parte de seus lucros aos acionistas na forma de dividendos. Ao escolher ações de empresas sólidas e bem estabelecidas, é possível receber pagamentos regulares sem precisar se envolver diretamente na gestão dos negócios.

3. Fundos de investimento imobiliário:

Investir em fundos imobiliários é uma opção interessante para quem deseja obter renda passiva através do mercado imobiliário. Esses fundos são compostos por diversos imóveis e permitem que os investidores recebam uma parcela dos aluguéis mensais, sem precisar se preocupar com a administração direta dos imóveis.

4. Criando um negócio online: Com o advento da internet, abrir um negócio online se tornou uma possibilidade real para muitas pessoas. Você pode criar um site, desenvolver produtos digitais, oferecer serviços especializados ou até mesmo criar um blog rentável. Uma vez estabelecido, seu negócio online pode gerar renda passiva através de anúncios, vendas de produtos ou parcerias com outras empresas.

5. Franquias: Investir em uma franquia é uma forma de ter um negócio próprio e escalável. Ao adquirir uma franquia, você obtém uma marca já estabelecida, treinamento e suporte contínuo. Com uma equipe de funcionários competente e um bom plano de gestão, você pode expandir seu negócio e gerar uma renda passiva por meio das unidades franqueadas.

6. Aluguel de imóveis: Comprar propriedades para alugá-las pode ser uma excelente fonte de renda passiva. Ao investir em imóveis, você pode receber aluguéis mensais e, ao mesmo tempo, se beneficiar da valorização do mercado imobiliário. Contratar um serviço de administração de imóveis pode ajudar a lidar com questões como a busca por inquilinos e a manutenção dos imóveis.

7. Criação de conteúdo digital: Se você possui habilidades de escrita, criação de vídeos ou desenvolvimento de aplicativos, pode explorar a criação de conteúdo digital. Ao monetizar seu conteúdo através de anúncios, patrocínios ou vendas diretas, você pode gerar uma renda passiva com o trabalho que realiza uma única vez.

8. Investimentos em crowdfunding: O

crowdfunding é uma forma inovadora de investimento que permite que pessoas invistam em projetos e empresas promissoras. Por meio de plataformas online, você pode contribuir com pequenos valores em projetos de seu interesse e, caso esses projetos obtenham sucesso, você poderá receber retornos financeiros. Essa é uma maneira emocionante de diversificar seus investimentos e potencialmente gerar uma renda passiva.

9. Programas de afiliados: O marketing de afiliados é uma estratégia na qual você promove produtos ou serviços de outras empresas e recebe uma comissão por cada venda realizada por meio do seu link de afiliado. Ao construir um público-alvo relevante e efetivo, você pode gerar uma renda passiva considerável, pois as vendas ocorrem sem a necessidade de seu envolvimento direto.

10. Locação de ativos: Outra forma de gerar renda passiva é por meio da locação de ativos que você possui, como equipamentos, veículos ou propriedades. Ao alugar esses ativos para outras pessoas ou empresas, você pode obter um fluxo contínuo de renda sem precisar trabalhar ativamente.

11. Criação de um portfólio diversificado: Uma abordagem inteligente para alcançar a estabilidade financeira e uma renda passiva é criar um portfólio diversificado. Isso envolve investir em diferentes classes de ativos, como ações, imóveis, títulos e commodities. Dessa forma, você reduz os riscos e aumenta as chances de obter retornos consistentes ao longo do tempo.

12. Desenvolvimento de produtos digitais: Se você tem habilidades em design gráfico, programação, redação ou qualquer outra área criativa, pode desenvolver produtos digitais, como ebooks, cursos online, plugins ou templates. Uma vez criados, esses produtos podem ser vendidos em plataformas online, permitindo que você ganhe dinheiro

repetidamente sem ter que trabalhar ativamente em cada venda.

13. Royalties e direitos autorais: Se você possui talento artístico, como música, escrita, fotografia ou design, pode ganhar uma renda passiva por meio de royalties e direitos autorais. Ao licenciar suas criações para uso em filmes, comerciais, livros ou outras mídias, você pode receber pagamentos contínuos toda vez que seu trabalho for utilizado.

14. Investimentos em fundos de índice: Os fundos de índice são uma forma popular de investimento que permite que você adquira uma cesta diversificada de ações com um único investimento. Esses fundos seguem a performance de um índice de mercado, como o Ibovespa ou o S&P 500. Ao investir em fundos de índice, você pode obter retornos passivos sem precisar se preocupar com a seleção individual de ações.

15. Propriedade intelectual: Se você possui conhecimentos especializados em um determinado campo, pode transformá-los em um produto digital, como um curso online ou uma consultoria. Ao compartilhar seu conhecimento e experiência, você pode gerar uma renda passiva ensinando outras pessoas e oferecendo soluções para seus problemas.

Explorar as possibilidades financeiras para obter estabilidade e renda passiva é uma jornada emocionante e repleta de oportunidades. Neste capítulo, você aprendeu sobre várias opções para alcançar esse objetivo. Agora, é hora de colocar em prática e construir seu caminho para a liberdade financeira.

Antes de começar, lembre-se da importância da educação financeira. Dedique tempo para estudar e se informar sobre os diferentes tipos de investimentos e estratégias disponíveis. Esteja sempre atualizado sobre as tendências do mercado e busque o conhecimento necessário para tomar decisões informadas.

Ao explorar as possibilidades, é fundamental criar um plano de ação. Defina metas claras e realistas para alcançar sua estabilidade financeira. Estabeleça prazos, aloque recursos e crie um roteiro que oriente suas ações. Lembre-se de que cada pessoa tem seu próprio ritmo e circunstâncias individuais, por isso adapte o plano de acordo com suas necessidades.

A diversificação é uma palavra-chave para construir uma renda passiva estável. Distribua seus investimentos em diferentes classes de ativos, setores e mercados. Dessa forma, você reduz o risco de depender exclusivamente de uma única fonte de renda e aumenta suas chances de obter retornos consistentes ao longo do tempo.

Além disso, é fundamental monitorar e avaliar seu progresso regularmente. Acompanhe o desempenho de seus investimentos, analise os resultados e faça ajustes quando necessário. Aprendendo com as experiências passadas, você pode aprimorar sua estratégia e maximizar seus ganhos.

No entanto, lembre-se de que a renda passiva não significa ausência total de trabalho. Embora você possa ter mais liberdade e flexibilidade em relação ao tempo e local de trabalho, ainda será necessário esforço e dedicação para administrar seus investimentos, negócios ou ativos. O segredo está em construir sistemas eficientes e automatizados que permitam gerar renda com menos esforço direto.

Por fim, mantenha-se motivado e sempre busque o crescimento pessoal e profissional. Aprenda com as histórias de sucesso inspiradoras e busque inspiração em pessoas que alcançaram a estabilidade financeira através de renda passiva. Cultive uma mentalidade positiva e persistente, superando desafios e adaptando-se às mudanças do mercado.

Ao explorar as possibilidades para ganhar dinheiro sem trabalhar no sentido tradicional, você está abrindo as portas para uma vida financeiramente estável e com maior liberdade. Aproveite as oportunidades que surgirem, tome decisões informadas e construa um futuro financeiro sólido. Lembre-se de que o caminho para a renda passiva pode exigir esforço inicial, mas os benefícios a longo prazo valerão a pena. Continue sua jornada e descubra o segredo para ganhar dinheiro sem trabalhar.

CAPÍTULO 3: INVESTIMENTOS INTELIGENTES

Neste capítulo, mergulharemos no mundo dos investimentos inteligentes. Vou compartilhar com você estratégias para investir seu dinheiro de forma eficiente, maximizando os retornos e minimizando os riscos. Descubra como os investimentos podem se tornar uma fonte sólida de renda passiva, permitindo que você colha os frutos do seu dinheiro trabalhando para você.

Para alcançar estabilidade financeira e criar uma renda passiva consistente, é essencial adotar uma abordagem inteligente ao investir. Uma das primeiras estratégias que você deve considerar é diversificar seus investimentos. Ao distribuir seus recursos em diferentes tipos de ativos, como ações, títulos, imóveis e fundos de investimento, você reduzirá os riscos associados a um único investimento. Dessa forma, se um setor ou classe de ativos sofrer um declínio, seus outros investimentos podem compensar essa perda.

Além da diversificação, você pode considerar a alocação de ativos. Isso envolve a distribuição estratégica do seu dinheiro em diferentes categorias de investimentos com base no seu perfil de risco e objetivos financeiros. Por exemplo, se você é mais jovem e tem um horizonte de investimento de longo prazo, pode optar por uma alocação mais agressiva, com uma maior proporção de investimentos em ações. Por outro lado, se você está se aproximando da aposentadoria, pode preferir uma alocação mais conservadora, com maior peso em títulos e investimentos de baixo risco.

Outra estratégia importante é o investimento em renda fixa. Esses investimentos, como títulos do governo, CDBs (Certificados de Depósito Bancário) e debêntures, oferecem uma taxa de retorno predefinida ao longo de um período específico. Ao adquirir esses ativos, você está emprestando seu dinheiro para instituições que, em troca, lhe pagam juros. Investir em renda fixa pode ser uma maneira segura de gerar renda passiva regular, principalmente quando se trata de ativos de baixo risco.

Além disso, o mercado imobiliário também pode ser uma excelente opção para investimentos inteligentes. A compra de imóveis para aluguel pode gerar renda regular, especialmente em áreas com demanda por locação. Outra abordagem é o investimento em fundos imobiliários, nos quais você adquire cotas de um fundo que possui uma carteira diversificada de imóveis. Isso permite que você se beneficie dos rendimentos de aluguel e da valorização do mercado imobiliário, sem lidar diretamente com a gestão e manutenção dos imóveis.

Além das opções tradicionais, é importante explorar também os investimentos alternativos, como startups, criptomoedas e empreendimentos imobiliários. Esses tipos de investimentos têm potencial para oferecer retornos significativos, embora também apresentem riscos mais elevados. A chave aqui é fazer uma pesquisa completa, entender o setor e estar disposto a assumir riscos calculados. É recomendável reservar apenas uma parcela do seu portfólio para esses investimentos alternativos, mantendo a maioria dos seus recursos alocados em investimentos mais estáveis e seguros.

Além das estratégias de investimento, é fundamental manter-se atualizado e informado sobre o mercado financeiro. A educação financeira desempenha um papel crucial na tomada de decisões inteligentes de investimento. Dedique tempo para estudar diferentes classes de ativos, entender os princípios básicos da análise financeira e aprender a avaliar oportunidades de investimento. Existem inúmeras fontes de conhecimento disponíveis, como livros, cursos online, blogs especializados e podcasts. Quanto mais você aprender sobre investimentos, mais preparado estará para tomar decisões informadas.

Além disso, é essencial definir metas financeiras claras. Antes de iniciar qualquer investimento, reflita sobre seus objetivos de longo prazo. Quanto dinheiro você deseja acumular? Em que prazo? Ter metas definidas ajudará a orientar suas escolhas de investimento e a mantê-lo motivado ao longo do caminho.

Outro ponto importante é a disciplina. A construção de uma renda passiva sólida por meio de investimentos inteligentes requer consistência e disciplina. Estabeleça um plano de investimento regular e adote uma abordagem de longo prazo. Evite ser influenciado por movimentos de curto prazo do mercado e evite tomar decisões emocionais. A disciplina para manter seus investimentos ao longo do tempo é um fator-chave para o sucesso financeiro.

Por fim, é essencial monitorar e avaliar regularmente seu progresso. Revise seu portfólio de investimentos, analise o desempenho de cada ativo e faça ajustes conforme necessário. Esteja atento às mudanças no mercado e às oportunidades emergentes. Acompanhe seus retornos, compare com suas metas e faça ajustes se necessário. Lembre-se de que o mundo dos investimentos está em constante evolução, e estar atualizado e adaptar-se às mudanças é fundamental para garantir o crescimento contínuo do seu patrimônio.

Investir de forma inteligente é um

processo contínuo de aprendizado, aplicação de estratégias e ajustes. Com as estratégias certas, disciplina e conhecimento adequado, você pode construir um portfólio de investimentos diversificado e rentável, que se torne uma fonte sólida de renda passiva ao longo do tempo. Lembre-se de que o segredo para ganhar dinheiro sem trabalhar está na capacidade de fazer seu dinheiro trabalhar para você, e os investimentos inteligentes são o caminho para alcançar essa estabilidade financeira desejada.

No próximo capítulo, exploraremos outra maneira de alcançar a renda passiva: os negócios escaláveis. Descubra como empreendimentos de grande potencial podem se tornar uma fonte consistente de renda, permitindo que você ganhe dinheiro mesmo quando não está trabalhando.

CAPÍTULO 4: NEGÓCIOS ESCALÁVEIS

Os negócios escaláveis são uma das chaves para ganhar dinheiro sem trabalhar incansavelmente. Neste capítulo, exploraremos modelos de negócios que podem ser dimensionados e automatizados, permitindo que você ganhe dinheiro mesmo quando não está ativamente envolvido. Aprenda como criar um negócio escalável e descubra como aproveitar ao máximo essa oportunidade única.

1. O que é um negócio escalável:

Um negócio escalável é aquele que tem a capacidade de crescer exponencialmente sem um aumento proporcional nos recursos e esforços necessários. Diferente de um negócio tradicional, que exige mais trabalho à medida que se expande, um negócio escalável permite que você ganhe dinheiro passivamente à medida que automatiza processos e alcança uma base de clientes maior.

2. Modelos de negócios escaláveis:

Existem várias opções de modelos de negócios escaláveis que você pode considerar:

a) E-commerce: Iniciar uma loja online permite que você venda produtos ou serviços para uma ampla audiência. Automatize os processos de estoque, envio e atendimento ao cliente para criar um negócio escalável.

b) SaaS (Software as a Service): Desenvolver e fornecer software como serviço é uma ótima maneira de criar um negócio escalável. À medida que mais clientes adotam seu software, você pode expandir sua base de assinantes sem grandes investimentos adicionais.

c) Marketing de afiliados: O marketing de afiliados envolve promover produtos ou serviços de terceiros e receber comissões por cada venda realizada através de seus esforços. À medida que sua audiência cresce, seu potencial de lucro também aumenta.

d) Criação de conteúdo digital: Criar conteúdo digital, como cursos online, e-books ou podcasts, permite que você alcance um público amplo e venda seus produtos repetidamente, sem a necessidade de trabalhar individualmente com cada cliente.

3. Como criar um negócio escalável:
Para criar um negócio escalável, você precisa seguir alguns passos essenciais:

a) Identifique uma necessidade de mercado: Procure por lacunas ou problemas que precisam ser solucionados e encontre uma maneira única de atender a essas demandas.

b) Desenvolva um modelo de negócios escalável: Escolha um modelo de negócios que permita automatizar tarefas e expandir sua base de clientes sem esforços excessivos.

c) Invista em tecnologia e automação: Utilize ferramentas e tecnologias que possam simplificar e automatizar processos em seu negócio, permitindo que você alcance uma escala maior.

d) Concentre-se na retenção de clientes: Ao oferecer um excelente atendimento ao cliente e criar relacionamentos duradouros, você aumentará as chances de fidelização e de receber indicações, garantindo um crescimento contínuo.

e) Estabeleça parcerias estratégicas: Colaborar com outras empresas ou influenciadores do seu nicho pode ajudar a expandir sua audiência e aumentar sua base de clientes.

f) Monitore e analise métricas: Acompanhe cuidadosamente as métricas e indicadores-chave do seu negócio, como taxas de conversão, crescimento da base de clientes e retorno sobre o investimento. Essas informações ajudarão a identificar áreas de melhoria e a tomar decisões estratégicas para impulsionar o crescimento do seu negócio escalável.

4. Exemplos de negócios escaláveis:

a) Um exemplo de negócio escalável é a plataforma de streaming de música. Através da automação e distribuição digital, essas plataformas podem alcançar milhões de usuários e gerar receitas por meio de assinaturas.

b) Outro exemplo é um curso online. Uma vez que o conteúdo seja criado e estruturado, ele pode ser vendido repetidamente para um número ilimitado de alunos, permitindo que você ganhe dinheiro passivamente.

c) Uma franquia é um modelo de negócio escalável, onde um conceito de sucesso é replicado em várias localidades. Cada nova unidade traz receita adicional, sem que você precise se envolver diretamente em todas as operações.

d) Uma loja de dropshipping é outro exemplo de negócio escalável. Nesse modelo, você não precisa lidar com o estoque ou o envio dos produtos. Em vez disso, você faz parceria com fornecedores que se encarregam dessas tarefas, permitindo que você se concentre na escala do negócio.

5. Dicas para aproveitar ao máximo um negócio escalável:

a) Automatize processos: Identifique quais tarefas podem ser automatizadas e utilize ferramentas e softwares para tornar seu negócio mais eficiente e escalável.

b) Invista em marketing digital: Utilize estratégias de marketing online, como anúncios pagos, SEO e marketing de conteúdo, para alcançar um público maior e impulsionar o crescimento do seu negócio.

c) Esteja aberto a ajustes e adaptações: À medida que seu negócio escalável cresce, é importante estar disposto a fazer ajustes e adaptações para atender às demandas do mercado e manter-se relevante.

d) Construa uma equipe confiável: Para gerenciar um negócio escalável, você precisará contar com o suporte de uma equipe confiável. Contrate profissionais qualificados e delegue tarefas para que você possa se concentrar nas atividades estratégicas.

e) Diversifique sua receita: Considere diversificar suas fontes de receita. Isso pode incluir a criação de produtos ou serviços complementares, a exploração de novos mercados ou o estabelecimento de parcerias estratégicas.

Em suma, os negócios escaláveis oferecem uma oportunidade única de ganhar dinheiro sem trabalhar incansavelmente. Ao adotar modelos de negócios escaláveis, automatizar processos, investir em tecnologia e se concentrar na retenção de clientes, você pode criar um negócio sustentável e aproveitar os benefícios da renda passiva. Lembre-se de monitorar e analisar as métricas do seu negócio, buscar exemplos de sucesso e estar aberto a ajustes e adaptações para maximizar o potencial de crescimento do seu negócio escalável. Lembre-se também de diversificar suas fontes de receita e construir uma equipe confiável para ajudá-lo a gerenciar e expandir suas operações.

Ao seguir essas estratégias e princípios, você estará no caminho certo para criar um negócio escalável que lhe proporcionará estabilidade financeira e renda passiva. Lembre-se de que o sucesso não acontece da noite para o dia e requer trabalho duro e dedicação inicial. No entanto, uma vez estabelecido, um negócio escalável pode oferecer a liberdade e a segurança financeira que você busca.

Neste capítulo, exploramos os conceitos-chave dos negócios escaláveis e fornecemos exemplos práticos de modelos de negócios que podem ser dimensionados e automatizados. Discutimos a importância da automação, da retenção de clientes e da análise de métricas para o sucesso de um negócio escalável. Além disso, destacamos dicas essenciais para aproveitar ao máximo essa oportunidade única.

Agora que você entende melhor os princípios dos negócios escaláveis, está pronto para avançar para o próximo capítulo, "Capítulo 5: A Magia dos Ativos". Nesse capítulo, exploraremos como criar ativos financeiros que gerem renda de forma contínua e como aproveitar ao máximo esses ativos para alcançar a independência financeira.

CAPÍTULO 5: A MAGIA DOS ATIVOS

A criação de ativos é uma estratégia poderosa para gerar renda passiva. Neste capítulo, discutiremos diferentes tipos de ativos, desde imóveis e ações até propriedade intelectual e negócios online. Descubra como criar ativos que possam gerar renda ao longo do tempo, proporcionando estabilidade financeira e liberdade para você aproveitar a vida.

1. Imóveis: Os imóveis são um dos ativos mais tradicionais e confiáveis. Investir em imóveis envolve adquirir propriedades para aluguel ou revenda. Ao investir em imóveis, é importante considerar a localização, o potencial de valorização e a demanda do mercado imobiliário. Ao alugar imóveis, você pode obter renda mensal estável, enquanto a valorização do imóvel pode aumentar seu patrimônio líquido ao longo do tempo.

2. Ações: Investir em ações permite que você se torne acionista de empresas e participe de seus lucros. Ao comprar ações de empresas sólidas e bem administradas, você pode receber dividendos regulares. Além disso, o valor das ações pode aumentar com o tempo, proporcionando ganhos de capital. É importante fazer uma análise cuidadosa das empresas antes de investir em suas ações e diversificar seu portfólio para reduzir riscos.

3. Propriedade Intelectual: A propriedade

intelectual inclui patentes, direitos autorais, marcas registradas e segredos comerciais. Ao criar produtos ou ideias únicas, você pode registrar sua propriedade intelectual e licenciá-la para outras pessoas ou empresas, recebendo royalties. Isso permite que você ganhe dinheiro com sua criatividade e conhecimento, sem a necessidade de trabalhar ativamente.

4. Negócios Online: Os negócios online oferecem uma excelente oportunidade para criar ativos que gerem renda passiva. Por exemplo, você pode criar um site ou blog com conteúdo relevante e atrair tráfego. Em seguida, pode monetizar o site por meio de publicidade, marketing de afiliados ou vendas de produtos digitais. Com o tempo, seu site pode se tornar um ativo lucrativo que gera renda enquanto você se concentra em outros projetos.

5. Fundos de Investimento: Os fundos de investimento são veículos de investimento que agrupam o dinheiro de diversos investidores para comprar uma variedade de ativos, como ações, títulos e imóveis. Investir em fundos permite diversificar seu portfólio e contar com a expertise de gestores profissionais. Você pode receber rendimentos regulares dos fundos ou se beneficiar do crescimento de seu valor ao longo do tempo.

6. Negócios Franchising: Investir em franquias é uma forma de adquirir um negócio já estabelecido com um modelo de negócio comprovado. Ao adquirir uma franquia, você recebe treinamento, suporte e a oportunidade de utilizar uma marca reconhecida. Com uma franquia bem administrada, você pode obter uma renda passiva ao contratar funcionários para operar o negócio, enquanto você se concentra na gestão estratégica.

7. Títulos e Renda Fixa: Investir em títulos e renda fixa envolve adquirir instrumentos financeiros, como títulos do governo, debêntures e certificados de depósito

bancário (CDBs). Esses ativos oferecem retornos previsíveis e estáveis ao longo do tempo, por meio de pagamentos de juros ou rendimentos fixos. Ao investir em títulos e renda fixa, você pode desfrutar de uma renda passiva consistente, especialmente se optar por prazos mais longos.

8. Royalties e Licenciamentos: Outra forma de criar ativos é através de royalties e licenciamentos. Se você possui uma obra de arte, música, livro, software ou qualquer criação intelectual protegida, pode licenciá-la para terceiros em troca de pagamentos regulares. Essa é uma maneira de gerar renda passiva, pois você recebe uma porcentagem das vendas ou do uso da sua propriedade intelectual, sem ter que se envolver diretamente na comercialização ou distribuição.

9. Investimentos em Negócios Estabelecidos: Uma alternativa para criar ativos e gerar renda passiva é investir em negócios estabelecidos. Isso pode ser feito adquirindo uma participação em empresas existentes ou fornecendo financiamento para negócios em troca de retornos regulares. Essa abordagem permite que você se beneficie do sucesso de um negócio já em funcionamento, enquanto outras pessoas cuidam das operações diárias.

10. Fundos Imobiliários: Os fundos imobiliários são veículos de investimento que permitem que você invista em imóveis sem a necessidade de adquirir propriedades diretamente. Ao investir em um fundo imobiliário, você adquire cotas do fundo, que são negociadas em bolsas de valores. Os fundos imobiliários geram renda através do aluguel de imóveis e distribuem esses ganhos entre os cotistas. É uma forma acessível de investir em imóveis e receber renda passiva dos aluguéis.

Ao criar ativos que geram renda passiva, você está construindo um caminho para a estabilidade financeira e a liberdade de desfrutar a vida. No entanto, é importante lembrar que cada tipo de ativo possui seus próprios riscos e exigências.

Antes de investir, é essencial fazer uma análise cuidadosa, estudar o mercado e, se necessário, buscar orientação profissional.

Lembre-se de diversificar seus investimentos, distribuindo seu capital entre diferentes tipos de ativos, setores e classes de investimento. Isso reduzirá os riscos e aumentará suas chances de obter retornos consistentes ao longo do tempo.

A criação de ativos é um processo contínuo. À medida que você acumula mais ativos e gera mais renda passiva, é possível reinvestir os ganhos e expandir sua carteira. A disciplina, o planejamento e a persistência são fundamentais nessa jornada.

A magia dos ativos está em sua capacidade de fornecer estabilidade financeira, permitindo que você desfrute da vida sem estar preso a um trabalho convencional. Ao aprender a criar ativos efetivos, você está descobrindo o segredo para ganhar dinheiro sem trabalhar constantemente.

Para começar, é importante definir metas financeiras claras. Pergunte a si mesmo: qual é o seu objetivo final? Quanto dinheiro você deseja gerar por mês? Isso ajudará a direcionar suas escolhas de investimento e estratégias.

Uma abordagem prática para criar ativos é dividir o processo em etapas. Primeiro, comece avaliando seus interesses, habilidades e conhecimentos. Identifique áreas onde você pode gerar valor e que possam ser monetizadas.

Em seguida, pesquise as diferentes opções de ativos discutidas neste capítulo. Considere os prós e contras de cada um, levando em consideração fatores como risco, retorno potencial, prazo de investimento e seu próprio perfil de investidor.

Depois de selecionar os tipos de ativos que mais lhe interessam, mergulhe em um estudo aprofundado sobre cada um deles. Leia livros, participe de cursos, acompanhe notícias e, se possível, converse com especialistas na área. Quanto mais você souber, melhores serão suas decisões de investimento.

Com base nesse conhecimento, desenvolva um plano de ação concreto. Defina quanto dinheiro você está disposto a investir inicialmente e estabeleça um cronograma para a aquisição gradual de ativos. Considere também a importância da diversificação, distribuindo seu capital em diferentes tipos de ativos para reduzir riscos.

Além disso, esteja preparado para monitorar e avaliar regularmente seus ativos. Acompanhe o desempenho de suas propriedades, ações ou negócios online. Faça ajustes quando necessário e esteja sempre atento às oportunidades de crescimento e melhorias.

Não se esqueça de que, mesmo ao criar ativos, é fundamental manter-se atualizado e adaptar-se às mudanças do mercado. Esteja aberto a novas oportunidades e tendências emergentes, ajustando sua estratégia conforme necessário.

Por fim, mantenha uma mentalidade positiva e persistente. A criação de ativos é um processo contínuo e pode levar tempo até que você comece a colher os frutos. Esteja preparado para enfrentar desafios ao longo do caminho, mas nunca perca de vista seus objetivos financeiros e sua determinação em alcançá-los.

Ao seguir essas orientações e dedicar tempo e esforço para criar ativos sólidos, você estará construindo um caminho para a estabilidade financeira e a liberdade de desfrutar a vida da forma que desejar. A magia dos ativos está ao seu alcance, basta aproveitar as oportunidades e tomar as medidas necessárias para transformar seus sonhos em realidade.

CAPÍTULO 6: O PODER DO MARKETING DE AFILIADOS

O marketing de afiliados é uma das maneiras mais populares de ganhar dinheiro sem trabalhar diretamente. Neste capítulo, exploraremos como você pode se tornar um afiliado de sucesso, promovendo produtos e serviços de outras pessoas e recebendo comissões por cada venda realizada. Descubra como aproveitar o poder da internet para criar uma fonte de renda passiva através do marketing de afiliados.

1. O que é marketing de afiliados?

O marketing de afiliados é um modelo de negócio em que você promove produtos ou serviços de outras pessoas em troca de uma comissão por cada venda gerada através do seu esforço de marketing. Em vez de criar seus próprios produtos ou serviços, você pode aproveitar o trabalho de outros empreendedores e ganhar dinheiro com isso.

2. Escolhendo o nicho certo

Para se tornar um afiliado de sucesso, é fundamental escolher o nicho certo. Foque em áreas que você tenha interesse e conhecimento, pois será mais fácil promover produtos relacionados a esses assuntos. Pesquise as tendências de mercado e identifique oportunidades lucrativas.

3. Encontrando programas de afiliados

Existem diversas plataformas e redes de afiliados disponíveis, onde você pode encontrar produtos para promover. Algumas das mais populares incluem Amazon Associates, ClickBank, CJ Affiliate e ShareASale. Explore essas plataformas em busca de produtos relevantes ao seu nicho.

4. Avaliando a qualidade dos produtos

Antes de se afiliar a um produto, é essencial avaliar sua qualidade e reputação. Analise a página de vendas, os depoimentos de clientes e as avaliações do produto. Escolha produtos que sejam valiosos e úteis para o seu público-alvo, pois isso aumentará a probabilidade de conversões e ganhos.

5. Criando conteúdo persuasivo

Uma parte crucial do marketing de afiliados é criar conteúdo persuasivo para promover os produtos. Isso pode ser feito através de blogs, vídeos, podcasts ou redes sociais. Foque em fornecer informações relevantes e demonstrar como o produto pode resolver os problemas ou atender às necessidades do seu público.

6. Construindo uma audiência

Para obter sucesso como afiliado, é importante construir uma audiência engajada. Concentre-se em criar relacionamentos com seu público através de conteúdo de qualidade, interação e engajamento. Utilize estratégias de marketing digital, como SEO (otimização para mecanismos de busca) e mídia social, para atrair tráfego para seus canais de comunicação.

7. Utilizando estratégias de promoção

Além do conteúdo, existem várias estratégias de promoção que você pode utilizar para aumentar suas chances de vendas. Isso inclui o uso de anúncios pagos, marketing por e-mail, parcerias com influenciadores e a criação de páginas de captura para coletar informações de potenciais compradores.

8. Acompanhando e otimizando seus resultados

A medida que você começa a promover produtos como afiliado, é fundamental acompanhar seus resultados e fazer otimizações para maximizar seus ganhos. Analise métricas como taxa de conversão, valor médio de venda e retorno sobre investimento. Faça ajustes em suas estratégias de promoção com base nos dados coletados. Teste diferentes abordagens, como mudanças no texto do seu conteúdo, posicionamento de anúncios ou segmentação de público-alvo. Acompanhe de perto o desempenho de cada campanha e faça ajustes contínuos para maximizar seus resultados.

9. Construindo confiança e autoridade

Para ser um afiliado de sucesso, é essencial construir confiança e autoridade em seu nicho. Seja transparente e honesto em suas recomendações. Acompanhe a qualidade dos produtos que você promove e garanta que eles atendam às expectativas dos compradores. Ao construir uma reputação sólida, você terá mais chances de converter vendas e criar uma base de clientes leais.

10. Diversificando suas fontes de renda

Embora o marketing de afiliados possa ser uma excelente fonte de renda passiva, é importante diversificar suas fontes de renda. Considere expandir para outros programas de afiliados, explorar oportunidades de marketing de influência ou até mesmo criar seus próprios produtos digitais. Dessa forma, você estará protegido contra mudanças no mercado e terá mais estabilidade financeira.

11. Automatizando seu processo

Uma das grandes vantagens do marketing de afiliados é a possibilidade de automatizar parte do processo. Utilize ferramentas de automação para programar postagens em mídias sociais, enviar e-mails de acompanhamento e acompanhar métricas importantes. Ao otimizar seu processo e reduzir o tempo gasto em tarefas manuais, você poderá escalar seu negócio de afiliados e aumentar seus lucros.

12. Buscando educação financeira contínua

Para ter sucesso no mundo do marketing de afiliados e alcançar estabilidade financeira, é fundamental buscar educação financeira contínua. Mantenha-se atualizado com as tendências do mercado, aprenda sobre investimentos, gestão financeira e estratégias de crescimento. Participar de cursos, ler livros e seguir especialistas em finanças e marketing digital são maneiras de se manter atualizado e aprimorar suas habilidades.

13. Encontrando motivação e persistência

O caminho para o sucesso financeiro requer motivação e persistência. Esteja preparado para enfrentar desafios e superar obstáculos ao longo do processo. Mantenha-se focado em seus objetivos e visualize o estilo de vida que deseja alcançar. Lembre-se de que o marketing de afiliados oferece a possibilidade de liberdade financeira, mas exige trabalho consistente e dedicação para construir uma renda passiva sólida.

Neste capítulo, exploramos o poder do marketing de afiliados como uma forma de criar uma fonte de renda passiva e alcançar estabilidade financeira. Discutimos desde a escolha do nicho até estratégias de promoção e otimização de resultados. Lembre-se de que o sucesso no marketing de afiliados requer trabalho árduo, perseverança e aprendizado contínuo. Com dedicação e estratégias eficientes, você pode aproveitar o potencial da internet e descobrir o segredo para ganhar dinheiro sem trabalhar diretamente para criar uma renda passiva estável. Ao implementar as estratégias abordadas neste capítulo, você estará capacitado para iniciar sua jornada como afiliado de sucesso.

Lembre-se de que o marketing de afiliados é uma oportunidade emocionante, mas exige comprometimento e perseverança. Ao seguir os passos fornecidos neste capítulo, você estará no caminho certo para construir um negócio lucrativo e alcançar a liberdade financeira desejada.

O poder do marketing de afiliados reside na capacidade de promover produtos e serviços relevantes para seu público-alvo, aproveitando o alcance da internet. Ao combinar seu conhecimento e paixão pelo nicho escolhido com estratégias eficazes de marketing, você pode criar um fluxo constante de renda passiva.

Mantenha-se atualizado com as novas tendências e inovações no marketing digital, pois o campo está sempre em evolução. Continue aprendendo e aprimorando suas habilidades para se destacar no mercado e aumentar seus ganhos como afiliado.

Lembre-se de que o marketing de afiliados não é uma fórmula mágica para a riqueza instantânea. Requer tempo, esforço e paciência para construir um negócio sustentável. Esteja preparado para enfrentar desafios ao longo do caminho e adapte suas estratégias conforme necessário.

Com dedicação, consistência e um foco firme em seus objetivos financeiros, você pode desbloquear o verdadeiro potencial do marketing de afiliados e alcançar a tão desejada estabilidade financeira. Lembre-se sempre do tema central deste livro: descobrir o segredo para ganhar dinheiro sem trabalhar. O marketing de afiliados é uma das ferramentas mais poderosas para alcançar essa meta.

No próximo capítulo, exploraremos a importância da educação financeira e como ela pode apoiar sua jornada para a independência financeira e o enriquecimento pessoal. Prepare-se para expandir seus conhecimentos e fortalecer sua base para alcançar ainda mais sucesso.

CAPÍTULO 7: A IMPORTÂNCIA DA EDUCAÇÃO FINANCEIRA

Antes de mergulharmos mais fundo nas estratégias para ganhar dinheiro sem trabalhar, é fundamental entender a importância da educação financeira. Neste capítulo, discutiremos a necessidade de adquirir conhecimentos sólidos sobre finanças pessoais, investimentos e gestão do dinheiro. Aprenda como melhorar sua educação financeira e fortalecer sua base para alcançar o sucesso financeiro.

A educação financeira é o alicerce para construir uma vida financeira sólida e alcançar a estabilidade e independência financeira desejadas. Ter um conhecimento abrangente sobre finanças pessoais é fundamental para tomar decisões acertadas, evitar dívidas desnecessárias e gerir seus recursos com eficiência.

Um dos primeiros passos para fortalecer sua educação financeira é aprender sobre orçamento e planejamento financeiro. Isso envolve entender suas despesas, receitas e estabelecer metas financeiras realistas. Um orçamento bem elaborado permitirá que você controle seus gastos, economize e invista de forma estratégica.

Outro aspecto importante da educação financeira é o conhecimento sobre investimentos. Aprender sobre os diferentes tipos de investimentos, como ações, títulos, imóveis e fundos mútuos, permitirá que você faça escolhas informadas ao construir sua carteira de investimentos. Entender os princípios de diversificação, gerenciamento de riscos e retorno sobre investimento é crucial para maximizar seus ganhos e minimizar perdas.

Além disso, é fundamental adquirir conhecimentos sobre a gestão do dinheiro. Isso inclui aprender sobre juros compostos, economia de impostos, crédito responsável e estratégias para poupar e investir de forma consistente. Ao compreender como o dinheiro funciona e como tomar decisões financeiras inteligentes, você estará preparado para aproveitar as oportunidades que surgirem em sua jornada para a renda passiva.

Uma das maneiras mais eficazes de adquirir educação financeira é através da leitura. Existem inúmeros livros, blogs e recursos online dedicados ao assunto das finanças pessoais. Busque por autores renomados, como Robert Kiyosaki, Suze Orman e Tony Robbins, que oferecem insights valiosos sobre como gerir o dinheiro e alcançar a independência financeira.

Além disso, considere participar de cursos ou workshops sobre educação financeira. Muitas instituições financeiras oferecem programas educacionais gratuitos ou a preços acessíveis para ajudar as pessoas a melhorarem suas habilidades financeiras. Essas oportunidades de aprendizado prático permitirão que você se aprofunde em tópicos específicos e interaja com especialistas do setor.

Outra forma de fortalecer sua educação financeira é através da experiência prática. Comece a aplicar os conceitos que você aprendeu, como poupar regularmente, investir uma porcentagem de sua renda em ativos financeiros e monitorar seu progresso ao longo do tempo. Aprender com os sucessos e fracassos que você encontra ao longo do caminho irá aprimorar ainda mais seu conhecimento e habilidades financeiras.

Por fim, construa uma rede de suporte composta por pessoas que compartilham dos mesmos objetivos financeiros. Isso pode incluir amigos, familiares, mentores ou até mesmo participantes de grupos online dedicados à educação financeira. Compartilhar experiências, trocar ideias e receber apoio mútuo pode ser extremamente valioso ao longo de sua jornada para a renda passiva.

Para resumir, a educação financeira é um elemento essencial para alcançar a estabilidade financeira e construir uma renda passiva. Aprender sobre finanças pessoais, investimentos e gestão do dinheiro proporcionará uma base sólida para tomar decisões financeiras inteligentes e estratégicas. Leia livros, participe de cursos, aplique o conhecimento na prática e conecte-se com pessoas que compartilham seus objetivos. Com a educação financeira adequada, você estará preparado para aproveitar ao máximo as oportunidades que surgirem e trilhar o caminho rumo à liberdade financeira.

Agora que você compreende a importância da educação financeira, no próximo capítulo exploraremos o poder da automatização. Veremos como é possível otimizar seus processos financeiros e tornar seu dinheiro trabalhar para você de forma eficiente e consistente. Vamos descobrir como a automação pode impulsionar seus esforços para alcançar uma renda passiva e permitir que você desfrute de mais tempo e liberdade em sua vida. Não perca o próximo capítulo, pois iremos revelar estratégias práticas para automatizar e simplificar suas finanças.

CAPÍTULO 8: O PODER DA AUTOMATIZAÇÃO

A automatização desempenha um papel crucial na construção de uma renda passiva. Neste capítulo, exploraremos como usar a tecnologia e os sistemas para automatizar tarefas e processos, permitindo que você ganhe dinheiro de forma contínua, mesmo sem estar presente fisicamente. Descubra como alavancar a automação para aumentar sua renda passiva e desfrutar de mais liberdade.

1. Introdução à Automatização

A automação é a chave para criar um fluxo constante de renda sem trabalhar ativamente. Neste capítulo, vamos mergulhar nas estratégias e ferramentas que podem ajudá-lo a alcançar esse objetivo.

2. Identificando Tarefas Adequadas para Automatização

Nem todas as tarefas são adequadas para automatização. Discutiremos como identificar as atividades que podem ser automatizadas de forma eficiente, permitindo que você ganhe dinheiro de forma passiva.

3. Plataformas de Automatização

Existem várias plataformas e ferramentas disponíveis que podem facilitar a automatização de tarefas e processos. Abordaremos algumas das principais opções e como utilizá-las em diferentes áreas de negócio.

4. Automação de Negócios Online

Vamos explorar como a automatização pode ser aplicada em negócios online, desde a criação de funis de vendas automatizados até o gerenciamento de campanhas de marketing digital. Você aprenderá a configurar sistemas que trabalham para você 24 horas por dia.

5. Automação de Investimentos

A automação também pode ser aplicada no campo dos investimentos. Discutiremos estratégias como o investimento em fundos de índice automatizados e plataformas de robo-advisor, que gerenciam seus investimentos automaticamente.

6. Automação de Processos Financeiros

Descubra como automatizar processos financeiros, como pagamentos e faturamento, para que você possa receber pagamentos de forma contínua sem precisar intervir manualmente.

7. Automação de Negócios Físicos

Mesmo em negócios físicos, a automatização desempenha um papel importante na criação de renda passiva. Explicaremos como utilizar sistemas e tecnologias para otimizar operações, reduzir custos e aumentar a eficiência.

8. Terceirização e Automação

A terceirização é uma forma eficaz de automatização. Discutiremos como delegar tarefas e processos para outras pessoas ou empresas, permitindo que você se concentre em atividades estratégicas e desfrute de uma renda passiva.

9. Construindo Sistemas de Automação

Você aprenderá como construir seus próprios sistemas de automação, desde a definição de fluxos de trabalho até a seleção das ferramentas certas. Dessa forma, você poderá adaptar a automatização às suas necessidades específicas.

10. Os Benefícios da Automatização

Exploraremos os inúmeros benefícios da automatização, incluindo a liberação de tempo, a redução do estresse e a criação de fluxos de renda passiva estáveis.

11. Superando Desafios na Automatização

Embora a automatização traga muitos benefícios, também é importante estar ciente dos desafios que podem surgir. Discutiremos estratégias para lidar com possíveis obstáculos, como a necessidade de atualização e manutenção dos sistemas automatizados.

12. Segurança e Privacidade na Automatização

A segurança e a privacidade são preocupações fundamentais ao lidar com a automatização. Abordaremos como proteger suas informações pessoais e garantir que seus sistemas automatizados sejam seguros contra ameaças externas.

13. Monitoramento e Ajustes

A automatização requer monitoramento constante e ajustes periódicos. Você aprenderá a acompanhar o desempenho dos seus sistemas automatizados e fazer as alterações necessárias para maximizar os resultados.

14. Diversificação de Fontes de Renda

Um dos segredos para o sucesso na renda passiva é diversificar as fontes de renda. Exploraremos como usar a automatização para diversificar seus fluxos de renda e reduzir riscos.

15. Escalabilidade e Crescimento

A automatização permite que você amplie seus negócios e alcance um maior crescimento. Discutiremos estratégias para escalar seus sistemas automatizados e expandir sua renda passiva.

16. Definindo Metas e Indicadores de Desempenho

Para medir o sucesso da automatização, é importante definir metas claras e acompanhar indicadores de desempenho. Orientaremos você na definição de metas realistas e no acompanhamento do progresso em direção à sua renda passiva desejada.

17. O Poder da Automação em sua Vida Pessoal

Além dos negócios, a automatização também pode ser aplicada em sua vida pessoal. Discutiremos como automatizar tarefas domésticas, finanças pessoais e outras atividades cotidianas, proporcionando mais tempo livre e liberdade.

18. A Importância da Manutenção e Atualização Contínuas

Para garantir que seus sistemas automatizados continuem funcionando de forma eficiente, é essencial realizar manutenção e atualização regulares. Abordaremos a importância desse processo contínuo para sustentar sua renda passiva.

19. Encontrando o Equilíbrio entre Automatização e Envolvimento Ativo

Embora a renda passiva seja um objetivo, é importante encontrar o equilíbrio certo entre a automatização e o envolvimento ativo. Discutiremos como encontrar a combinação ideal para que você possa desfrutar dos benefícios da renda passiva, ao mesmo tempo em que se mantém engajado e aproveita seu tempo livre.

20. Aproveitando a Liberdade Financeira

Ao utilizar a automatização para criar uma renda passiva, você estará mais próximo de alcançar a liberdade financeira. Neste capítulo, forneceremos orientações práticas para aproveitar ao máximo essa liberdade e desfrutar de uma vida abundante.

Com as estratégias e insights abordados neste capítulo, você estará preparado para aproveitar o poder da automatização e construir uma renda passiva sólida. Ao integrar a tecnologia e os sistemas em seus negócios e vida pessoal, você poderá alcançar o objetivo de ganhar dinheiro sem precisar trabalhar ativamente. Lembre-se de que a automatização não é um processo instantâneo, requer planejamento, implementação e ajustes contínuos. No entanto, os resultados a longo prazo podem ser verdadeiramente transformadores.

Ao adotar a automatização, você estará liberando tempo e recursos preciosos, permitindo que se concentre em atividades estratégicas e de alto impacto. Isso significa que você terá a oportunidade de buscar outras paixões, investir em si mesmo, passar mais tempo com sua família e amigos e desfrutar da liberdade financeira.

Para começar, reflita sobre quais tarefas e processos podem ser automatizados em seu negócio. Identifique aquelas que consomem muito tempo e energia, mas que não requerem necessariamente sua presença física ou tomadas de decisão complexas. Considere utilizar ferramentas e plataformas disponíveis para automatizar essas tarefas, como sistemas de e-mail marketing, agendamento de posts em mídias sociais, processamento automático de pagamentos e até mesmo chatbots para atendimento ao cliente.

No entanto, é importante lembrar que a automatização não significa eliminar completamente o envolvimento humano. Mesmo com processos automatizados, é essencial manter o contato e o relacionamento com seus clientes e parceiros de negócios. A personalização e a conexão humana ainda são valores importantes no mundo dos negócios.

Além disso, considere diversificar suas fontes de renda passiva. Explore diferentes oportunidades de investimento, como fundos de índice, imóveis para aluguel ou até mesmo a criação de cursos online. Lembre-se de que a diversificação reduz os riscos e aumenta suas chances de sucesso a longo prazo.

No caminho para a renda passiva, é fundamental acompanhar de perto o desempenho dos seus sistemas automatizados. Monitore métricas relevantes, como taxa de conversão, retorno sobre o investimento e engajamento do público. Isso permitirá que você faça ajustes conforme necessário e otimize seus resultados.

Por fim, lembre-se de que a automatização é uma jornada contínua. Esteja aberto a aprender e se adaptar às novas tecnologias e estratégias que surgem. Aprenda com outras pessoas que alcançaram sucesso na renda passiva e esteja disposto a compartilhar seu conhecimento e experiência com os outros.

Ao dominar o poder da automatização, você estará no caminho certo para alcançar a estabilidade financeira e desfrutar de uma renda passiva consistente. Lembre-se de que cada pessoa tem sua própria jornada, e o que funciona para um pode não funcionar para outro. Seja persistente, mantenha-se motivado e esteja disposto a adaptar suas estratégias ao longo do tempo. Com dedicação e um plano de ação sólido, você pode descobrir o segredo para ganhar dinheiro sem trabalhar ativamente e criar a vida de liberdade que sempre desejou.

CAPÍTULO 9: A MENTALIDADE DO SUCESSO FINANCEIRO

A mentalidade é um fator determinante para alcançar o sucesso financeiro. Neste capítulo, abordaremos a importância de cultivar uma mentalidade positiva e empreendedora. Aprenda como superar crenças limitantes e desenvolver uma mentalidade voltada para o sucesso financeiro, permitindo que você se torne mais receptivo às oportunidades de renda passiva ao seu redor.

1. A importância da mentalidade para o sucesso financeiro

Ter uma mentalidade adequada é fundamental para alcançar a estabilidade financeira e criar uma renda passiva consistente. A forma como pensamos e encaramos as situações financeiras pode impactar diretamente nossas escolhas, ações e resultados. Ao cultivar uma mentalidade do sucesso financeiro, abrimos portas para novas possibilidades e nos tornamos mais abertos a oportunidades.

2. Superando crenças limitantes

Muitas vezes, temos crenças limitantes em relação ao dinheiro e ao sucesso financeiro. Pensamentos como "dinheiro é difícil de ganhar" ou "só os ricos ficam mais ricos" podem nos sabotar e impedir o crescimento financeiro. É importante identificar essas crenças limitantes e substituí-las por pensamentos positivos e fortalecedores. Acredite que você é capaz de alcançar o sucesso financeiro e desafie essas crenças negativas.

3. Desenvolvendo uma mentalidade empreendedora

Uma mentalidade empreendedora é essencial para construir uma renda passiva. Ela envolve ter uma visão de longo prazo, buscar constantemente oportunidades, estar disposto a correr riscos calculados e ser persistente mesmo diante de obstáculos. Desenvolva habilidades empreendedoras, como liderança, criatividade, resiliência e habilidades de comunicação, para impulsionar seu sucesso financeiro.

4. Foco nas oportunidades de renda passiva

Uma mentalidade voltada para o sucesso financeiro nos permite enxergar e aproveitar as oportunidades de renda passiva ao nosso redor. Isso pode incluir investimentos inteligentes, negócios escaláveis, criação de ativos e marketing de afiliados. Ao estar aberto e receptivo a essas oportunidades, você aumenta suas chances de alcançar a estabilidade financeira e criar uma fonte de renda passiva sustentável.

5. Crie metas claras e alcançáveis

Definir metas claras e alcançáveis é essencial para direcionar sua mentalidade em direção ao sucesso financeiro. Estabeleça objetivos financeiros específicos, como aumentar seu patrimônio líquido em uma certa quantia ou obter um determinado valor de renda passiva mensal. Essas metas devem ser mensuráveis, realistas e com prazos definidos. Ao ter metas claras, você se mantém motivado e focado em alcançar o sucesso financeiro.

6. Cultive uma mentalidade de aprendizado

Uma mentalidade de sucesso financeiro envolve um compromisso contínuo com o aprendizado e o desenvolvimento pessoal. Esteja aberto a adquirir novos conhecimentos sobre investimentos, finanças pessoais, empreendedorismo e outras áreas relacionadas à criação de renda passiva. Busque livros, cursos, podcasts e eventos que possam ampliar seus horizontes financeiros. Quanto mais você aprende, mais preparado estará para identificar e aproveitar as oportunidades de sucesso financeiro.

7. Pratique o pensamento positivo e a visualização

A mentalidade do sucesso financeiro também envolve o poder do pensamento positivo e da visualização. Acredite em suas habilidades e no potencial de alcançar seus objetivos financeiros. Pratique afirmações positivas diariamente e visualize-se vivendo a vida financeira dos seus sonhos. Ao manter uma mentalidade positiva e visualizar seus objetivos sendo alcançados, você fortalece sua confiança e motivação para buscar a renda passiva.

8. Aprenda com histórias de sucesso

Estude as histórias de sucesso de pessoas que alcançaram a estabilidade financeira e criaram uma renda passiva significativa. Leia livros, assista a entrevistas e documentários que retratam trajetórias inspiradoras. Ao conhecer as experiências e estratégias de sucesso de outras pessoas, você pode extrair lições valiosas e adaptá-las à sua própria jornada financeira.

9. Cerque-se de pessoas que

compartilham a mesma mentalidade

A mentalidade do sucesso financeiro é influenciada pelo ambiente ao nosso redor. Cerque-se de pessoas que compartilham dos mesmos objetivos e visão em relação à criação de renda passiva. Busque grupos de networking, participe de comunidades online e eventos relacionados ao empreendedorismo e investimentos. Ao estar em contato com pessoas que estão trilhando o caminho do sucesso financeiro, você se inspira e recebe apoio mútuo para alcançar seus próprios objetivos.

10. Pratique a gratidão e o equilíbrio

Não se trata apenas de buscar a estabilidade financeira, mas também de valorizar o que já temos. Pratique a gratidão diariamente, reconhecendo suas conquistas e as coisas positivas que você possui. Além disso, busque equilíbrio em todas as áreas da vida, incluindo saúde, relacionamentos e bem-estar emocional. Uma mente equilibrada e grata é um terreno fértil para o sucesso financeiro e a criação de uma renda passiva sustentável.

Cultivar uma mentalidade do sucesso financeiro é essencial para alcançar a estabilidade financeira e criar uma renda passiva significativa. Ao superar crenças limitantes, desenvolver uma mentalidade empreendedora e estar aberto a oportunidades, você estará no caminho certo para atingir seus objetivos financeiros. Lembre-se de estabelecer metas claras, praticar o pensamento positivo, aprender com histórias de sucesso e cercar-se de pessoas com a mesma mentalidade. Com uma mentalidade voltada para o sucesso financeiro, você estará preparado para enfrentar desafios, aproveitar as oportunidades e construir uma base sólida para a sua liberdade financeira.

Ao longo deste capítulo, destacamos a importância de cultivar uma mentalidade positiva e empreendedora como um dos pilares fundamentais para alcançar o sucesso financeiro. Exploramos a superação de crenças limitantes, o desenvolvimento de uma mentalidade empreendedora, o foco nas oportunidades de renda passiva, a definição de metas claras e alcançáveis, o poder do pensamento positivo e da visualização, a aprendizagem com histórias de sucesso e a importância de cercar-se de pessoas com a mesma mentalidade.

Agora é o momento de aplicar esses princípios em sua vida. Faça um compromisso consigo mesmo de cultivar diariamente uma mentalidade do sucesso financeiro. Busque conhecimento, seja resiliente diante dos obstáculos, mantenha-se motivado e esteja disposto a se adaptar às mudanças e desafios que surgirem.

Lembre-se de que a mentalidade é apenas o começo. No próximo capítulo, abordaremos o papel da persistência na jornada rumo à renda passiva. Vamos explorar como a persistência é fundamental para superar as adversidades, aprender com os fracassos e continuar avançando em direção aos seus objetivos financeiros. Prepare-se para descobrir o poder da persistência e como ela pode impulsionar seu caminho para a liberdade financeira.

Esteja determinado, seja resiliente e mantenha a visão clara do seu objetivo. O sucesso financeiro está ao seu alcance, e a mentalidade correta é o primeiro passo para alcançá-lo. Acredite em si mesmo e no seu potencial para criar uma renda passiva que lhe proporcione estabilidade e liberdade.

CAPÍTULO 10: O PAPEL DA PERSISTÊNCIA

A jornada rumo à renda passiva nem sempre é fácil, mas a persistência é fundamental. Neste capítulo, discutiremos a importância de perseverar diante dos desafios e obstáculos que possam surgir. Descubra como desenvolver a resiliência necessária para continuar avançando em direção aos seus objetivos financeiros, mesmo quando as coisas parecem difíceis.

1. Compreendendo a natureza dos desafios financeiros:

Ao longo da busca pela renda passiva, é inevitável encontrar obstáculos e contratempos. É essencial compreender que essas dificuldades fazem parte do processo e podem fornecer oportunidades de crescimento pessoal e financeiro.

2. Definindo metas claras e realistas:

Estabelecer metas claras e alcançáveis é crucial para manter a persistência. Divida seus objetivos financeiros em marcos menores e comemore cada conquista, mantendo a motivação ao longo do caminho.

3. Cultivando a mentalidade de longo prazo:

A renda passiva é construída ao longo do tempo, por isso é importante ter uma mentalidade de longo prazo.

Evite buscar resultados imediatos e esteja disposto a investir tempo e esforço consistentes para alcançar seus objetivos.

4. Aprendendo com os erros e ajustando o curso:

Durante a jornada rumo à renda passiva, é provável que ocorram erros e falhas. Em vez de desanimar, encare essas situações como oportunidades de aprendizado. Identifique os erros cometidos, ajuste sua estratégia e siga em frente com um plano melhorado.

5. Desenvolvendo resiliência emocional:

A persistência requer resiliência emocional. Esteja preparado para lidar com momentos de incerteza, frustração e desânimo. Aprenda a controlar suas emoções, fortalecer sua mentalidade e encontrar motivação interna para superar os desafios.

6. Construindo uma rede de suporte:

Ter um sistema de apoio sólido é crucial para manter a persistência. Procure pessoas que compartilham seus objetivos financeiros e que possam fornecer suporte emocional e encorajamento durante os momentos difíceis. Compartilhe suas experiências e aprenda com as experiências dos outros.

7. Buscando conhecimento e educação contínua:

A educação financeira desempenha um papel importante na construção da renda passiva. Invista tempo em aprender sobre estratégias de investimento, negócios escaláveis e outras formas de geração de renda. Este conhecimento fornecerá a base necessária para tomar decisões informadas e ajustar sua abordagem quando necessário.

8. Adaptando-se às mudanças e oportunidades:

O mundo financeiro está em constante evolução, e é essencial estar aberto a mudanças e identificar oportunidades. Esteja disposto a ajustar sua estratégia à medida que novas tecnologias, tendências de mercado e oportunidades surgem. A adaptabilidade é fundamental para superar os desafios e continuar avançando.

9. Mantendo o foco e a disciplina:

A persistência exige foco e disciplina. Evite distrações que possam desviar sua atenção dos seus objetivos financeiros. Estabeleça rotinas e práticas consistentes que o ajudem a manter o rumo, como definir horários dedicados ao trabalho, ao estudo e à avaliação do seu progresso.

10. Buscando soluções criativas:

Quando enfrentar desafios financeiros, esteja aberto a soluções criativas. Nem sempre a resposta mais óbvia será a mais eficaz. Pense fora da caixa, procure alternativas e esteja disposto a explorar diferentes abordagens para superar os obstáculos que surgirem.

11. Celebrando pequenas vitórias:

Ao longo da jornada rumo à renda passiva, é importante celebrar as pequenas vitórias. Reconheça e comemore cada marco alcançado, por menor que seja. Isso ajudará a manter sua motivação e a lembrá-lo do progresso que está fazendo.

12. Criando um sistema de recompensas:

Além de celebrar pequenas vitórias, estabeleça um sistema de recompensas para si mesmo. Defina metas intermediárias e, quando as alcançar, presenteie-se com algo que lhe traga satisfação. Essas recompensas servirão como incentivo adicional para perseverar na busca pela renda passiva.

13. Aprenda com histórias de sucesso:

Busque histórias de sucesso inspiradoras

de pessoas que alcançaram a renda passiva. Estude seus caminhos, estratégias e os obstáculos que enfrentaram. Essas histórias servirão como exemplos motivadores de que é possível atingir seus objetivos financeiros por meio da persistência e dedicação.

14. Mantendo um mindset positivo:

A mente desempenha um papel poderoso na busca pela renda passiva. Cultive um mindset positivo, acreditando em si mesmo e nas suas capacidades. Enfrente os desafios com otimismo, vendo-os como oportunidades de crescimento e aprendizado. Lembre-se de que cada obstáculo superado o aproxima mais do seu objetivo.

15. Aprendendo a lidar com a pressão e o estresse:

Durante a jornada rumo à renda passiva, é natural enfrentar momentos de pressão e estresse. Aprenda técnicas de gerenciamento do estresse, como meditação, exercícios físicos e hobbies relaxantes. Cuide da sua saúde mental e emocional, pois isso fortalecerá sua capacidade de persistir diante dos desafios.

16. Avaliando e ajustando seu plano de ação:

Periodicamente, avalie seu plano de ação e faça os ajustes necessários. Observe o que está funcionando e o que precisa ser melhorado. Seja flexível e esteja disposto a adaptar sua estratégia conforme adquire novos conhecimentos e experiências ao longo do caminho.

17. Celebrando a jornada:

Lembre-se de que a persistência não se trata apenas do destino final, mas também da jornada em si. Aprenda a apreciar e valorizar cada etapa, cada experiência e cada aprendizado que a busca pela renda passiva proporciona. A celebração da jornada o motivará a continuar perseverando, mesmo diante dos desafios que surgirem.

18. Buscando apoio profissional:

Em alguns momentos, pode ser benéfico buscar o auxílio de profissionais especializados. Consultores financeiros, mentores ou coaches podem fornecer orientação valiosa, compartilhar suas próprias experiências e oferecer estratégias personalizadas para alcançar seus objetivos financeiros.

19. Mantendo-se atualizado:

O mundo financeiro está em constante evolução, portanto, é fundamental manter-se atualizado sobre as tendências e novidades do mercado. Acompanhe notícias, participe de eventos e seminários relacionados à sua área de interesse. O conhecimento atualizado lhe dará uma vantagem competitiva e abrirá novas oportunidades.

20. Perseverando além dos desafios:

Lembre-se de que a persistência é o ingrediente-chave para alcançar a renda passiva. Mesmo quando os desafios parecerem insuperáveis, mantenha-se resiliente e determinado. Acredite em si mesmo, em sua capacidade de superar obstáculos e alcançar seus objetivos financeiros. Não desista, pois o sucesso está ao alcance daqueles que persistem.

A persistência desempenha um papel fundamental na jornada rumo à renda passiva. Ao longo deste capítulo, discutimos a importância de perseverar diante dos desafios e obstáculos que podem surgir. Exploramos estratégias para desenvolver a resiliência necessária, como compreender a natureza dos desafios financeiros, definir metas claras, aprender com os erros, cultivar uma mentalidade de longo prazo e construir uma rede de suporte. Além disso, destacamos a importância de manter o foco, aprender com histórias de sucesso, manter um mindset positivo e cuidar da saúde mental e emocional. Ao adotar essas práticas e princípios, você estará fortalecido para enfrentar os desafios e continuar avançando em direção aos seus objetivos financeiros. A persistência é o segredo para alcançar a renda passiva e descobrir a liberdade financeira.

CAPÍTULO 11:
AS HISTÓRIAS
DE SUCESSO

Neste capítulo inspirador, compartilharemos histórias reais de pessoas que conquistaram a renda passiva e transformaram suas vidas financeiras. Conheça exemplos de indivíduos que seguiram diferentes caminhos e alcançaram o sucesso em várias áreas. Essas histórias de sucesso irão motivá-lo e mostrar que é possível conquistar a liberdade financeira por meio de estratégias inteligentes.

1. Alice e o investimento imobiliário:

Alice sempre sonhou em ter estabilidade financeira, então decidiu investir no mercado imobiliário. Ela economizou dinheiro por anos e adquiriu seu primeiro imóvel para alugar. Com o passar do tempo, Alice comprou mais propriedades e formou uma carteira de investimentos imobiliários. Hoje, ela recebe aluguéis mensais que garantem sua renda passiva, permitindo-lhe viver uma vida confortável e sem preocupações financeiras.

2. Roberto e o mercado de ações:

Roberto era um apaixonado pelo mercado de ações e decidiu transformar essa paixão em uma fonte de renda passiva. Ele estudou o mercado, aprendeu sobre análise técnica e fundamentalista e começou a investir em ações de empresas sólidas. Com o tempo, Roberto desenvolveu uma estratégia de investimento que lhe permitiu obter ganhos consistentes. Agora, ele recebe dividendos regularmente e utiliza parte desses ganhos para reinvestir e expandir ainda mais seu patrimônio.

3. Mariana e o marketing de afiliados:

Mariana sempre foi uma empreendedora digital e encontrou no marketing de afiliados uma forma de ganhar dinheiro sem trabalhar diretamente. Ela construiu um blog de sucesso e começou a recomendar produtos e serviços relevantes para sua audiência. Por meio de links de afiliados, Mariana passou a receber comissões por cada venda realizada através de suas recomendações. Com o crescimento de seu blog e o aumento de seu público, Mariana agora tem uma renda passiva substancial, mesmo quando está de férias ou se dedicando a outros projetos.

4. Ricardo e o desenvolvimento de aplicativos:

Ricardo sempre teve habilidades em programação e decidiu explorar o mercado de aplicativos para dispositivos móveis. Ele criou um aplicativo útil e inovador que atendia a uma demanda específica. Ricardo disponibilizou seu aplicativo na loja de aplicativos e passou a receber uma renda constante por meio de anúncios e compras in-app. Com o sucesso de seu primeiro aplicativo, Ricardo expandiu seu portfólio, lançando novos aplicativos e conquistando uma base de usuários fiel. Hoje, ele tem uma renda passiva substancial proveniente de seus aplicativos.

Essas histórias de sucesso são apenas alguns exemplos de como pessoas comuns conseguiram conquistar a renda passiva e transformar suas vidas financeiras.

Cada uma dessas histórias tem suas particularidades, mas todas têm em comum a dedicação, a persistência e a busca por estratégias inteligentes.

Se você deseja trilhar o caminho da estabilidade financeira e conquistar a renda passiva, é fundamental estudar as diferentes possibilidades de investimento e empreendedorismo.

Cada pessoa é única, e o caminho para alcançar a liberdade financeira pode variar. No entanto, existem algumas diretrizes gerais que podem ser seguidas para aumentar suas chances de sucesso. Aqui estão algumas dicas práticas e exemplificativas para ajudá-lo a trilhar seu próprio caminho rumo à renda passiva:

1. Identifique suas paixões e habilidades: Assim como Mariana encontrou sua paixão pelo marketing de afiliados, é essencial descobrir no que você é bom e no que realmente gosta de fazer. Identifique suas habilidades, interesses e áreas de conhecimento que podem ser monetizadas.

2. Pesquise oportunidades de investimento: Existem diversas opções para investir e gerar renda passiva, como imóveis, ações, fundos de investimento, renda fixa, entre outros. Pesquise as diferentes alternativas e encontre aquela que mais se alinha com seus objetivos financeiros e nível de conforto.

3. Busque conhecimento e educação financeira: Assim como destacado no Capítulo 7, a educação financeira é crucial para alcançar o sucesso financeiro. Leia livros, faça cursos e busque mentores para aprender sobre investimentos, empreendedorismo e estratégias para gerar renda passiva.

4. Desenvolva um plano de ação: Trace metas claras e estabeleça um plano detalhado para alcançá-

las. Identifique as etapas necessárias, os recursos que serão necessários e os prazos para cada objetivo.

5. Aprenda com as histórias de sucesso: Além das histórias mencionadas acima, estude outras pessoas que alcançaram a renda passiva e inspire-se em suas trajetórias. Leia biografias, assista a palestras e acompanhe os depoimentos de empreendedores e investidores bem-sucedidos.

Lembre-se de que o caminho para a renda passiva não é fácil. Requer dedicação, perseverança e disciplina. Você pode enfrentar desafios ao longo do caminho, mas é importante manter-se motivado e aprender com os obstáculos que surgirem.

À medida que você adquire experiência e aumenta sua renda passiva, não se esqueça de reinvestir parte dos ganhos para expandir seus negócios, diversificar seus investimentos e continuar a crescer.

Em resumo, as histórias de sucesso apresentadas neste capítulo são apenas um vislumbre das possibilidades que existem para alcançar a renda passiva. Cada uma delas demonstra que é possível transformar suas finanças e conquistar a liberdade financeira por meio de estratégias inteligentes. Siga essas histórias inspiradoras, aproveite as dicas práticas e crie seu próprio caminho rumo ao sucesso financeiro.

CAPÍTULO 12: CRIANDO UM PLANO DE AÇÃO

Agora é hora de colocar em prática tudo o que aprendemos até agora. Neste capítulo, ajudarei você a criar um plano de ação personalizado para iniciar sua jornada rumo à renda passiva. Vou guiá-lo passo a passo, fornecendo orientações práticas e estratégias eficazes para você dar os primeiros passos e começar a construir sua independência financeira.

1. Definindo metas claras: O primeiro passo para criar um plano de ação é estabelecer metas claras e específicas. Pense no que você deseja alcançar com sua renda passiva. Quer conquistar a liberdade financeira completa? Deseja complementar sua renda atual? Defina metas mensuráveis e realistas.

2. Avaliando suas habilidades e recursos: Faça uma análise honesta de suas habilidades, conhecimentos e recursos disponíveis. Identifique suas áreas de expertise e pense em como aproveitá-las para criar fontes de renda passiva. Considere também seus recursos financeiros e o tempo que você pode dedicar a esses empreendimentos.

3. Pesquisando oportunidades: Explore as diversas possibilidades de renda passiva. Revise os capítulos anteriores do livro para obter uma visão geral das opções

disponíveis. Considere investimentos inteligentes, negócios escaláveis, ativos e estratégias de marketing de afiliados. Veja qual opção se alinha melhor com suas metas e recursos.

4. Escolhendo uma estratégia: Com base em suas metas e recursos, escolha uma estratégia específica para iniciar sua jornada rumo à renda passiva. Pode ser a compra de imóveis para aluguel, a criação de um negócio online, a participação em programas de afiliados ou qualquer outra estratégia que você identifique como viável.

5. Estabelecendo um plano de execução: Agora é hora de detalhar seu plano de execução. Divida-o em etapas menores e estabeleça prazos realistas para cada uma delas. Por exemplo, se você escolheu investir em imóveis para aluguel, as etapas podem incluir pesquisa de mercado, obtenção de financiamento, compra de propriedades e locação.

6. Identificando obstáculos e soluções: Antecipe possíveis obstáculos e desenvolva soluções para superá-los. Por exemplo, se você prevê que a falta de capital pode ser um obstáculo, pense em estratégias para economizar dinheiro ou obter financiamento. Esteja preparado para enfrentar desafios ao longo do caminho e tenha planos alternativos para contorná-los.

7. Buscando conhecimento adicional: Continue a investir em sua educação financeira. Leia livros, participe de cursos e busque mentores na área em que você escolheu atuar. Quanto mais você aprender e se aprimorar, mais preparado estará para enfrentar os desafios e aproveitar as oportunidades que surgirem.

8. Acompanhando e ajustando seu plano: Monitore regularmente seu progresso e faça ajustes conforme necessário. Avalie se suas estratégias estão gerando os resultados esperados e esteja aberto a fazer ajustes e adaptações quando necessário. O mundo dos negócios e dos investimentos é

dinâmico, e é importante estar atento às mudanças e tendências. Se uma estratégia não estiver funcionando como esperado, não tenha medo de modificar seu plano e explorar novas abordagens.

9. Construindo uma rede de suporte: Busque pessoas que compartilham dos mesmos objetivos e interesses financeiros. Construa uma rede de suporte composta por indivíduos que estão trilhando caminhos semelhantes ou que já alcançaram a renda passiva. Compartilhe experiências, aprenda com os outros e aproveite a motivação mútua para continuar avançando.

10. Gerenciando riscos e diversificando: A diversificação é fundamental para garantir a segurança e a estabilidade de sua renda passiva. Evite colocar todos os ovos na mesma cesta, distribuindo seus investimentos e empreendimentos em diferentes áreas e setores. Isso reduzirá o risco de perdas significativas caso um único investimento ou negócio não tenha o desempenho esperado.

11. Superando desafios e adaptando-se: Ao longo de sua jornada rumo à renda passiva, você enfrentará desafios e obstáculos. É importante cultivar uma mentalidade resiliente e estar disposto a se adaptar às circunstâncias. Lembre-se de que os desafios fazem parte do processo e que cada obstáculo superado o aproxima mais de seus objetivos financeiros.

12. Mantendo-se motivado e crescendo: A jornada rumo à renda passiva pode levar tempo e exigir esforço contínuo. É crucial manter-se motivado e focado em suas metas financeiras. Celebre suas pequenas conquistas ao longo do caminho e mantenha-se atualizado sobre as últimas tendências e estratégias no mundo dos negócios e dos investimentos. Busque constantemente oportunidades de crescimento e aprimoramento pessoal e profissional.

13. Aproveitando a liberdade financeira:

À medida que você progride em direção à renda passiva, terá a oportunidade de desfrutar de maior liberdade financeira. Isso significa ter mais controle sobre seu tempo, poder realizar seus sonhos e aproveitar a vida com mais tranquilidade. Lembre-se sempre de aproveitar as recompensas de seu trabalho árduo e de apreciar as vantagens que a independência financeira pode proporcionar.

14. Monitorando e avaliando seu progresso: Estabeleça indicadores-chave de desempenho e meça regularmente seu progresso em relação às suas metas financeiras. Isso permitirá que você acompanhe seu crescimento e faça ajustes quando necessário. Monitore suas receitas, despesas e retornos de investimento para garantir que esteja no caminho certo.

15. Conclusão: Neste capítulo, exploramos a importância de criar um plano de ação para alcançar a renda passiva. Através da definição de metas claras, pesquisa de oportunidades, escolha de estratégias adequadas e acompanhamento de seu progresso, você estará preparado para iniciar sua jornada rumo à estabilidade financeira e à renda passiva. Lembre-se de avaliar constantemente suas habilidades, recursos e ajustar seu plano conforme necessário. Ao superar obstáculos, buscar conhecimento adicional e construir uma rede de suporte, você estará fortalecendo seu caminho para o sucesso financeiro.

Agora é o momento de colocar tudo em prática. Aplique as estratégias e orientações fornecidas neste capítulo para criar seu próprio plano de ação personalizado. Identifique suas metas, explore as diversas possibilidades de renda passiva e escolha a estratégia mais adequada para você. Estabeleça um cronograma e divida seu plano em etapas menores, acompanhando seu progresso ao longo do tempo.

Esteja ciente de que no caminho para a renda passiva, você encontrará desafios e obstáculos. No entanto, com uma mentalidade resiliente, adaptabilidade e persistência, você poderá superá-los e continuar avançando em direção à sua independência financeira.

Lembre-se de que a jornada rumo à renda passiva requer esforço, dedicação e aprendizado contínuo. Esteja sempre aberto a oportunidades de crescimento, diversificação de investimentos e aprimoramento de suas habilidades. Aproveite cada conquista ao longo do caminho e desfrute dos benefícios da liberdade financeira.

Com a criação de um plano de ação bem fundamentado e com sua determinação em colocá-lo em prática, você estará mais perto de descobrir o segredo para ganhar dinheiro sem trabalhar. Então, mãos à obra e comece a construir seu futuro financeiro hoje mesmo!

CAPÍTULO 13: GERENCIANDO RISCOS E DIVERSIFICANDO

Neste capítulo, abordaremos a importância de gerenciar riscos e diversificar suas fontes de renda passiva. Aprenda como avaliar e mitigar riscos, bem como identificar oportunidades de diversificação para garantir uma renda estável e sustentável. Descubra como equilibrar seus investimentos e estratégias para minimizar os impactos negativos e maximizar os retornos.

1. Avaliando os riscos: Antes de embarcar em qualquer investimento ou empreendimento, é crucial avaliar os riscos envolvidos. Faça uma análise cuidadosa dos fatores que podem afetar negativamente seu investimento, como volatilidade do mercado, riscos regulatórios e concorrência. Compreender e quantificar os riscos ajudará você a tomar decisões mais informadas e reduzir a incerteza.

2. Diversificação de investimentos: Uma estratégia fundamental para gerenciar riscos é diversificar seus investimentos. Não coloque todo o seu dinheiro em um único ativo ou negócio. Distribua seus recursos em diferentes classes de ativos, setores e geografias. Isso ajuda a reduzir a exposição a riscos específicos e aumenta suas chances de obter retornos consistentes.

3. Explorando diferentes fontes de renda passiva: Além de diversificar seus investimentos, é importante buscar diferentes fontes de renda passiva. Isso pode incluir investimentos imobiliários, renda proveniente de negócios online, royalties de propriedade intelectual, entre outros. Ter várias fontes de renda ajuda a garantir uma base sólida e estável, mesmo que uma fonte específica enfrente dificuldades.

4. Estratégias de proteção: Para proteger seus investimentos, é necessário considerar estratégias de proteção. Isso pode incluir o uso de contratos de opções, hedge ou seguros específicos para cobrir riscos associados a determinados investimentos. Consultar um profissional financeiro pode ser útil para identificar as melhores opções de proteção de acordo com suas necessidades e perfil de risco.

5. Acompanhamento e análise: Uma parte fundamental do gerenciamento de riscos é acompanhar de perto seus investimentos e realizar análises regulares. Monitore o desempenho de seus ativos, esteja atento a mudanças no mercado e faça ajustes quando necessário. Mantenha-se informado e atualizado sobre as condições econômicas e as tendências do setor para tomar decisões mais embasadas.

6. Reavaliando sua estratégia: À medida que o cenário econômico e os mercados evoluem, é essencial reavaliar sua estratégia de investimento e diversificação regularmente. O que funcionou no passado pode não ser eficaz no futuro. Esteja aberto a ajustes e adaptações conforme necessário, para se adequar às mudanças e aproveitar novas oportunidades.

7. Riscos emocionais: Além dos riscos financeiros, é importante mencionar os riscos emocionais associados aos investimentos. O medo e a ganância podem influenciar negativamente suas decisões, levando a escolhas imprudentes. É fundamental manter a calma e tomar decisões

baseadas em fatos e análises, em vez de ser impulsionado por emoções momentâneas. Tenha disciplina e siga seu plano de investimento com confiança, mantendo sempre uma visão de longo prazo.

8. Aprendendo com os erros: Ao gerenciar riscos, é inevitável cometer erros ao longo do caminho. O importante é aprender com essas experiências e usá-las como oportunidades de crescimento. Avalie seus erros passados, identifique as lições aprendidas e ajuste suas estratégias para evitar repeti-los no futuro.

9. Conhecendo seus limites: Cada pessoa possui um nível de tolerância ao risco diferente. É essencial conhecer seus limites e estabelecer uma estratégia que esteja alinhada com suas preferências e objetivos financeiros. Seja honesto consigo mesmo sobre sua disposição para assumir riscos e ajuste seu plano de acordo.

10. Buscando orientação profissional: Se você se sentir inseguro em relação ao gerenciamento de riscos ou à diversificação de suas fontes de renda, considere buscar orientação profissional. Consultar um planejador financeiro ou um consultor de investimentos experiente pode ajudá-lo a tomar decisões mais informadas e evitar armadilhas financeiras.

Lembre-se de que o gerenciamento de riscos e a diversificação são estratégias contínuas. À medida que sua situação financeira evolui e as condições do mercado mudam, é importante revisitar regularmente seu plano, fazer ajustes e buscar novas oportunidades. Aprenda a equilibrar a busca por retornos com a proteção do seu patrimônio, mantendo sempre uma visão de longo prazo.

Ao dominar as técnicas de gerenciamento de riscos e diversificação, você estará construindo uma base sólida para alcançar a estabilidade financeira e uma renda passiva consistente. Lembre-se de que o sucesso financeiro não acontece da noite para o dia, mas com perseverança, conhecimento e estratégias eficazes, você estará mais próximo de descobrir o segredo para ganhar dinheiro sem trabalhar.

Com isso, concluímos o Capítulo 13: Gerenciando Riscos e Diversificando. No próximo capítulo, exploraremos a importância de superar desafios e adaptar-se às mudanças em sua jornada rumo à renda passiva.

CAPÍTULO 14: SUPERANDO DESAFIOS E ADAPTANDO-SE

No caminho para a renda passiva, é inevitável encontrar desafios e enfrentar mudanças. Neste capítulo, exploraremos a importância de ser flexível e adaptável às circunstâncias para alcançar o sucesso financeiro. Aprenderemos como superar obstáculos, aprender com os erros e ajustar nossa abordagem conforme necessário. Descubra como a resiliência e a capacidade de se adaptar são fundamentais para construir uma base sólida em direção à estabilidade financeira e uma renda passiva consistente.

1. Enfrentando obstáculos: Ao longo da jornada, você encontrará obstáculos que podem testar sua determinação. Identifique esses desafios e esteja preparado para enfrentá-los com confiança e determinação. Saiba que cada desafio superado é uma oportunidade de crescimento e aprendizado.

2. Aprendendo com os erros: Erros são inevitáveis, mas o importante é aprender com eles. Analise suas falhas passadas, identifique as lições aprendidas e utilize-as para ajustar sua estratégia. Os erros são oportunidades para refinar sua

abordagem e alcançar resultados melhores no futuro.

3. Adaptando-se às mudanças do mercado: Os mercados financeiros estão em constante evolução. Esteja preparado para se adaptar às mudanças nas condições econômicas e nos padrões de consumo. Mantenha-se atualizado sobre as tendências do mercado e esteja disposto a ajustar suas estratégias de investimento e fontes de renda conforme necessário.

4. Sendo flexível nas oportunidades: Esteja aberto a novas oportunidades de renda passiva. Às vezes, as melhores oportunidades podem surgir de fontes inesperadas. Esteja disposto a explorar diferentes setores, nichos de mercado e modelos de negócios para diversificar sua renda e maximizar seus ganhos.

5. Desenvolvendo habilidades de resolução de problemas: A capacidade de resolver problemas é crucial para superar desafios. Aprenda a abordar problemas com uma mentalidade criativa e buscar soluções inovadoras. Seja persistente em sua busca por respostas e esteja disposto a adquirir novas habilidades conforme necessário.

6. Cultivando a resiliência: A resiliência é a capacidade de se recuperar rapidamente após enfrentar adversidades. Cultive uma mentalidade resiliente, reconhecendo que os desafios são oportunidades para crescer e se fortalecer. Esteja preparado para lidar com contratempos e permanecer firme em seu objetivo de alcançar a renda passiva.

7. Construindo uma rede de suporte: Ter uma rede de suporte é essencial para superar desafios. Cerque-se de pessoas que compartilham seus objetivos financeiros e que possam oferecer orientação e encorajamento ao longo do caminho. Compartilhe suas experiências e aprenda com os outros que também estão buscando a renda passiva.

8. Mantendo o foco nos objetivos: Quando surgem desafios, é fácil perder o foco e desanimar. Mantenha seus objetivos em mente e visualize o sucesso que você deseja alcançar. Isso ajudará a manter sua motivação e a persistir, mesmo diante das dificuldades.

9. Aproveitando a aprendizagem contínua: A vida é um processo constante de aprendizado, e isso se aplica também à busca pela renda passiva. Esteja disposto a se atualizar constantemente, estudar novas estratégias, explorar novas áreas de conhecimento e investir em seu desenvolvimento pessoal e profissional. Quanto mais você aprender, mais preparado estará para superar desafios e se adaptar às mudanças.

10. Buscando inspiração em histórias de sucesso: Às vezes, enfrentar desafios pode ser desanimador. No entanto, ao estudar e se inspirar em histórias de sucesso de pessoas que conquistaram a renda passiva, você verá que é possível superar obstáculos e alcançar seus objetivos financeiros. Leia biografias, acompanhe casos de sucesso e encontre motivação na jornada de outras pessoas.

11. Desenvolvendo a resiliência emocional: A jornada rumo à renda passiva pode ser emocionalmente desafiadora. É importante desenvolver a resiliência emocional para lidar com os altos e baixos ao longo do caminho. Aprenda a gerenciar o estresse, praticar a autorreflexão e adotar uma mentalidade positiva para manter-se motivado e superar as adversidades.

12. Sendo adaptável às mudanças tecnológicas: A tecnologia desempenha um papel significativo na maneira como ganhamos dinheiro atualmente. Esteja aberto às mudanças tecnológicas e às oportunidades que elas trazem. Explore plataformas online, mídias sociais e novas ferramentas que possam impulsionar seus negócios e estratégias de renda

passiva.

13. Aprendendo com a experiência de mercado: Ao longo do tempo, você acumulará experiência e conhecimento valiosos no mercado financeiro. Utilize essas experiências para tomar decisões mais informadas e evitar erros passados. Aprenda com as tendências do mercado, observe o que funciona e o que não funciona, e ajuste suas estratégias com base nesse aprendizado.

14. Mantendo-se flexível e aberto a oportunidades: À medida que você progride em direção à renda passiva, novas oportunidades surgirão. Esteja aberto a explorar diferentes caminhos e modelos de negócios. Esteja disposto a ajustar suas estratégias e aproveitar as oportunidades que podem impulsionar seu crescimento financeiro.

15. Celebrando suas conquistas: Não se esqueça de celebrar suas conquistas ao longo do caminho. Reconheça e aprecie o progresso que você está fazendo, mesmo que seja um passo de cada vez. Isso ajudará a manter sua motivação e a lembrar que você está no caminho certo.

Ao superar desafios e adaptar-se às circunstâncias, você estará construindo uma base sólida para alcançar a renda passiva e a estabilidade financeira desejada. Lembre-se de que o caminho pode não ser linear, mas com resiliência, aprendizado contínuo e flexibilidade, você estará preparado para enfrentar qualquer desafio que surja em sua jornada rumo ao sucesso financeiro.

16. Aprendendo a lidar com a incerteza: A incerteza é uma parte inevitável do caminho em busca da renda passiva. Esteja preparado para lidar com períodos de instabilidade e volatilidade nos mercados. Desenvolva estratégias de gerenciamento de riscos e diversificação para mitigar os efeitos da incerteza e proteger seu patrimônio.

17. Adaptando-se às mudanças legislativas e regulatórias: O cenário legislativo e regulatório está sempre sujeito a mudanças. Mantenha-se informado sobre as leis e regulamentos que afetam suas fontes de renda passiva e esteja disposto a se adaptar e ajustar sua estratégia de acordo com as mudanças. Consulte profissionais especializados, se necessário, para garantir que você esteja em conformidade com as leis e regulamentos aplicáveis.

18. Mantendo-se atualizado sobre as tendências do mercado: Acompanhe as tendências do mercado e as inovações em sua área de atuação. Esteja atento a novas oportunidades e setores em crescimento que possam oferecer potencial para a geração de renda passiva. Manter-se atualizado permitirá que você tome decisões informadas e aproveite ao máximo as oportunidades disponíveis.

19. Adotando uma abordagem de aprendizado contínuo: O aprendizado não deve parar quando você alcançar a renda passiva. Continue buscando conhecimento e aprimorando suas habilidades. Esteja aberto a novas ideias, estratégias e abordagens. Aprenda com especialistas, participe de cursos e workshops relevantes e esteja disposto a se adaptar às mudanças em seu setor.

20. Desenvolvendo a mentalidade da resiliência: A resiliência mental é fundamental para superar os desafios e adaptar-se às circunstâncias. Cultive uma mentalidade positiva e focada no crescimento. Veja os desafios como oportunidades de aprendizado e crescimento pessoal. Lembre-se de que a jornada em busca da renda passiva é uma maratona e não uma corrida de curto prazo.

Ao superar desafios e adaptar-se às mudanças, você estará fortalecendo sua jornada rumo à estabilidade financeira e à renda passiva. Lembre-se de que a perseverança e a disposição para aprender e se adaptar são fundamentais para alcançar o sucesso financeiro a longo prazo. Continue buscando o equilíbrio entre a flexibilidade e a estabilidade, ajustando suas estratégias conforme necessário para maximizar suas oportunidades de ganhos e garantir um futuro financeiro sólido.

Com este capítulo, esperamos fornecer uma orientação prática e exemplificativa para ajudá-lo a superar desafios e se adaptar ao longo de sua jornada rumo à renda passiva. Lembre-se de que o segredo para ganhar dinheiro sem trabalhar está em sua capacidade de enfrentar obstáculos, aprender com eles e ajustar sua abordagem conforme necessário. Esteja preparado para se adaptar e persevere em direção aos seus objetivos financeiros.

CAPÍTULO 15: CONSTRUINDO UMA REDE DE SUPORTE

Ter uma rede de suporte é essencial ao perseguir a renda passiva. Neste capítulo, exploraremos a importância de se cercar de pessoas que compartilham seus objetivos financeiros e podem oferecer suporte, orientação e motivação. Descubra como construir uma rede de suporte sólida e como aproveitar os recursos disponíveis para impulsionar seu sucesso.

1. Compartilhe seus objetivos financeiros: Ao construir uma rede de suporte, é fundamental ser transparente e compartilhar seus objetivos financeiros com as pessoas certas. Isso inclui amigos, familiares ou mentores de confiança que possam oferecer encorajamento e apoio.

2. Encontre um mentor: Busque orientação e conselhos de pessoas que já alcançaram a renda passiva ou têm experiência na área em que você deseja atuar. Um mentor pode fornecer insights valiosos, compartilhar suas experiências e ajudá-lo a evitar armadilhas comuns ao longo do caminho.

3. Participe de comunidades e grupos: Junte-se a grupos ou comunidades online e offline relacionados aos seus interesses financeiros. Isso pode incluir fóruns de

discussão, grupos de networking ou eventos da indústria. Conecte-se com pessoas que compartilham seus objetivos e troque ideias, experiências e recursos.

4. Forme parcerias estratégicas: Identifique indivíduos com habilidades complementares às suas e explore oportunidades de parceria. Juntos, vocês podem colaborar em projetos, compartilhar recursos e ampliar suas redes de contatos, fortalecendo assim suas chances de sucesso na busca pela renda passiva.

5. Frequente eventos e conferências: Participe de eventos, conferências e workshops relacionados ao seu campo de atuação. Além de adquirir conhecimentos, esses eventos são ótimas oportunidades para conhecer pessoas influentes e estabelecer conexões significativas.

6. Utilize as redes sociais: Aproveite as redes sociais, como LinkedIn e Facebook, para expandir sua rede de contatos. Participe de grupos e comunidades relevantes, compartilhe seu conhecimento e se envolva em discussões. Essas plataformas oferecem oportunidades para conectar-se com pessoas que compartilham interesses semelhantes.

7. Busque mentoria online: Além dos mentores presenciais, você pode encontrar mentores online em programas de mentoria ou por meio de plataformas de educação financeira. Essas oportunidades permitem que você se conecte com especialistas em renda passiva e aproveite seus conhecimentos para orientar sua jornada.

8. Construa relacionamentos genuínos: Ao construir uma rede de suporte, é importante cultivar relacionamentos genuínos e duradouros. Invista tempo e esforço para estabelecer conexões significativas, baseadas na confiança, respeito mútuo e interesse mútuo no sucesso financeiro.

9. Contribua para a comunidade: Além de buscar suporte, também é essencial oferecer suporte aos outros. Compartilhe seu conhecimento, experiências e recursos com a comunidade financeira, seja por meio de palestras, workshops ou escrevendo conteúdo relevante. Ao ajudar os outros, você fortalece sua posição como membro ativo da comunidade e estabelece conexões valiosas.

10. Esteja aberto a novas oportunidades: Mantenha-se receptivo a novas oportunidades de construir sua rede de suporte. Esteja disposto a explorar diferentes áreas e nichos financeiros, conhecer pessoas de diferentes origens e estar aberto a novas perspectivas. Isso ampliará suas oportunidades e permitirá que você se conecte com pessoas que podem impulsionar seu crescimento financeiro.

11. Participe de grupos de estudo: Encontre ou crie grupos de estudo com pessoas que compartilham interesses semelhantes. Discutir ideias, compartilhar conhecimentos e aprender juntos é uma forma eficaz de construir relacionamentos e fortalecer sua base de conhecimento.

12. Mantenha contato regular: Manter contato regular com os membros de sua rede de suporte é fundamental para nutrir relacionamentos sólidos. Mantenha-os atualizados sobre seus progressos, compartilhe informações relevantes e ofereça ajuda sempre que possível. A reciprocidade é um elemento-chave para manter uma rede de suporte ativa e engajada.

13. Participe de masterclasses e webinars: Participe de masterclasses e webinars ministrados por especialistas em renda passiva. Essas sessões fornecem conhecimentos aprofundados sobre estratégias, táticas e melhores práticas para alcançar o sucesso financeiro. Além disso, permitem que você interaja com outros participantes e expanda

sua rede de contatos.

14. Encontre grupos de accountability: Junte-se a grupos de accountability, nos quais os membros compartilham suas metas financeiras e mantêm-se responsáveis uns pelos outros. Esse tipo de grupo oferece apoio, incentivo e responsabilidade mútua, ajudando você a manter o foco e a disciplina em direção aos seus objetivos.

15. Esteja disposto a aprender e crescer: Para construir uma rede de suporte sólida, é essencial estar disposto a aprender e crescer continuamente. Esteja aberto a novas ideias, perspectivas e feedback construtivo. Invista em seu próprio desenvolvimento pessoal e profissional para se tornar um membro valioso da sua rede de suporte.

16. Busque profissionais especializados: Identifique profissionais especializados em áreas relevantes para sua busca pela renda passiva. Isso pode incluir consultores financeiros, contadores, advogados ou coaches financeiros. Ao contar com a experiência desses profissionais, você pode obter orientações específicas e tomar decisões mais informadas.

17. Crie um grupo mastermind: Considere criar ou participar de um grupo mastermind, no qual um pequeno grupo de indivíduos se reúne regularmente para compartilhar ideias, insights e desafios. Esse tipo de grupo oferece um ambiente de suporte e colaboração, permitindo que você se beneficie da sabedoria coletiva e do apoio mútuo.

18. Cultive relacionamentos pessoais: Embora a conexão online seja valiosa, não subestime o poder dos relacionamentos pessoais. Cultive relacionamentos com pessoas próximas a você, como familiares e amigos, que compartilham seus objetivos financeiros. Eles podem oferecer suporte emocional, encorajamento e até mesmo colaborar em projetos conjuntos.

19. Seja um membro ativo: Para construir uma rede de suporte sólida, é importante ser um membro ativo e engajado. Esteja disposto a oferecer ajuda, compartilhar recursos e estar presente quando outros membros precisarem. Ao demonstrar seu compromisso e disposição para contribuir, você fortalece os laços da rede e constrói relacionamentos de confiança.

20. Aproveite os recursos disponíveis: Além de se conectar com pessoas, aproveite os recursos disponíveis para fortalecer sua rede de suporte. Isso inclui livros, cursos, podcasts e outras fontes de conhecimento. Mantenha-se atualizado sobre as tendências do mercado financeiro e busque constantemente ampliar seu repertório de informações.

Construir uma rede de suporte é uma parte essencial da jornada rumo à renda passiva. Ao se cercar de pessoas que compartilham seus objetivos financeiros e oferecem suporte mútuo, você aumenta suas chances de sucesso. Lembre-se de ser proativo na busca por conexões, seja aberto a novas oportunidades e esteja disposto a contribuir para a comunidade financeira. Com uma rede de suporte sólida ao seu lado, você estará bem equipado para superar os desafios e alcançar a estabilidade financeira desejada.

Ao concluir este capítulo, você estará pronto para explorar o próximo tópico: "Capítulo 16: O Poder do Aprendizado Contínuo". Neste capítulo, discutiremos a importância de adotar uma mentalidade de aprendizado constante e como isso pode impulsionar seu crescimento financeiro. Prepare-se para descobrir como se manter atualizado, expandir suas habilidades e maximizar seu potencial na busca pela renda passiva.

CAPÍTULO 16: O PODER DO APRENDIZADO CONTÍNUO

Nunca pare de aprender e se atualizar. O aprendizado contínuo desempenha um papel fundamental na jornada rumo à renda passiva e à estabilidade financeira. Neste capítulo, exploraremos a importância de investir em seu desenvolvimento pessoal e profissional, por meio de cursos, livros, seminários e outras oportunidades de aprendizado. Descubra como aproveitar ao máximo esses recursos para expandir seus conhecimentos, aprimorar suas habilidades e adaptar suas estratégias com base nas tendências e mudanças do mercado.

1. A busca pelo conhecimento: O primeiro passo para o aprendizado contínuo é reconhecer a importância de se manter atualizado e buscar constantemente novos conhecimentos. Esteja aberto a aprender sobre novas áreas, conceitos e técnicas relacionadas à geração de renda passiva. Assuma a responsabilidade pela sua própria educação financeira e esteja disposto a investir tempo e esforço nesse processo.

2. Identifique suas lacunas de conhecimento: Faça uma autoavaliação honesta e identifique as áreas em que você precisa se aprimorar. Talvez você

precise aprender mais sobre investimentos, marketing digital, empreendedorismo ou outras habilidades relevantes para alcançar seus objetivos financeiros. Tenha clareza sobre suas lacunas de conhecimento e concentre seus esforços nessas áreas.

3. Utilize recursos online: A era digital oferece uma infinidade de recursos educacionais online. Aproveite cursos online, tutoriais em vídeo, blogs e fóruns para obter informações valiosas sobre renda passiva. Existem plataformas especializadas que oferecem cursos específicos para empreendedores, investidores e pessoas interessadas em fontes de renda passiva. Explore essas opções e escolha aquelas que se alinham às suas necessidades e preferências.

4. Invista em literatura especializada: Os livros continuam sendo uma excelente fonte de conhecimento. Busque livros escritos por especialistas em finanças, empreendedorismo e desenvolvimento pessoal. Leia sobre estratégias de investimento, histórias de sucesso e técnicas para a geração de renda passiva. Ao ler livros relevantes, você expande sua visão, adquire insights valiosos e aprende com a experiência de outras pessoas.

5. Participe de seminários e workshops: Os seminários e workshops são uma oportunidade única para aprender com profissionais experientes e conhecer pessoas que compartilham interesses semelhantes. Participe de eventos relacionados à renda passiva, onde você poderá ouvir palestrantes renomados, participar de sessões de networking e trocar experiências com outros participantes. Essas interações podem abrir portas para parcerias e oportunidades de negócios.

6. Encontre um mentor: Busque mentores que já alcançaram sucesso na área de renda passiva. Um mentor pode oferecer orientação personalizada, compartilhar conhecimentos práticos e ajudá-lo a evitar erros comuns. Procure por indivíduos cujas trajetórias e valores estejam alinhados aos

seus objetivos. Estabeleça um relacionamento de mentoria e aproveite ao máximo o conhecimento e a experiência do seu mentor.

7. Participe de grupos e comunidades: Junte-se a grupos e comunidades de pessoas interessadas em renda passiva e estabilidade financeira. Isso pode ser feito por meio de fóruns online, redes sociais ou encontros presenciais. Esses espaços oferecem a oportunidade de trocar ideias, compartilhar experiências, fazer perguntas e obter insights valiosos. Ao se conectar com pessoas que compartilham seus objetivos, você terá um suporte emocional e intelectual para enfrentar os desafios e buscar soluções.

8. Desenvolva habilidades específicas: Identifique as habilidades específicas necessárias para construir e manter uma renda passiva. Pode ser o domínio de ferramentas digitais, habilidades de negociação, habilidades de marketing ou qualquer outra competência relevante para o seu campo de atuação. Dedique tempo para aprimorar essas habilidades por meio de cursos especializados, prática constante e busca de feedback.

9. Aprenda com os erros: Encare os erros como oportunidades de aprendizado. Ao longo da jornada rumo à renda passiva, você encontrará obstáculos e enfrentará desafios. Em vez de se desmotivar, analise seus erros e busque aprender com eles. A reflexão sobre as experiências passadas permite que você aperfeiçoe suas estratégias, evite repetir os mesmos equívocos e desenvolva uma mentalidade de crescimento.

10. Esteja atento às tendências do mercado: Os mercados estão em constante evolução, e é fundamental estar atualizado sobre as tendências e mudanças que podem impactar suas fontes de renda passiva. Acompanhe notícias, estudos e análises relevantes ao seu campo de atuação. Esteja disposto a ajustar sua abordagem conforme

necessário, aproveitando as oportunidades emergentes e evitando a obsolescência.

11. Estabeleça metas de aprendizado: Defina metas claras de aprendizado para você mesmo. Determine o que você deseja alcançar em termos de conhecimento e habilidades, e estabeleça um plano para atingir essas metas. Divida seus objetivos em etapas menores e acompanhe seu progresso ao longo do tempo. Isso ajudará a manter o foco e a motivação para continuar aprendendo e se desenvolvendo.

12. Cultive uma mentalidade de curiosidade e humildade: Esteja sempre aberto a novas ideias, perspectivas e abordagens. Cultive uma mentalidade de curiosidade, onde você busca constantemente aprender e explorar. Reconheça que há sempre mais a descobrir e que ninguém sabe tudo. Mantenha-se humilde em relação ao seu conhecimento atual e esteja disposto a ouvir os outros e aprender com eles.

13. Aplique o conhecimento adquirido: O aprendizado só é valioso se for colocado em prática. À medida que você adquire conhecimento sobre renda passiva, aplique-o em sua vida e em suas estratégias financeiras. Experimente diferentes abordagens, teste ideias e avalie os resultados. Aprender com a prática é uma forma eficaz de consolidar o conhecimento e melhorar continuamente seus resultados.

Lembre-se de que o aprendizado contínuo é um processo constante e progressivo. À medida que você avança em sua jornada em direção à renda passiva e estabilidade financeira, esteja aberto a novas oportunidades de aprendizado. Busque aperfeiçoar suas habilidades existentes, explore novas áreas de conhecimento e esteja sempre atualizado sobre as mudanças do mercado.

O poder do aprendizado contínuo reside

na capacidade de se adaptar às demandas e oportunidades em constante evolução. Ao investir em sua educação e crescimento pessoal, você fortalece sua base de conhecimentos e habilidades, aumenta sua confiança e expande suas possibilidades de geração de renda passiva.

Lembre-se de que o processo de aprendizado é único para cada indivíduo. O que funciona para uma pessoa pode não funcionar para outra. Portanto, personalize sua abordagem de aprendizado de acordo com suas necessidades, preferências e estilo de aprendizado.

No seu caminho em direção à renda passiva, não se esqueça de aplicar o conhecimento que adquiriu. O conhecimento sem ação não leva ao progresso. Tome medidas consistentes e avalie os resultados para fazer ajustes e melhorias contínuas em suas estratégias.

Por fim, mantenha-se motivado e inspirado em sua busca pelo aprendizado contínuo. Encontre histórias de sucesso, modelos inspiradores e fontes de motivação que o impulsionem em sua jornada. Lembre-se de que o processo de aprendizado é gratificante por si só e que cada novo conhecimento adquirido é um passo em direção ao seu objetivo de alcançar a renda passiva e desfrutar da liberdade financeira.

O poder do aprendizado contínuo está ao seu alcance. Esteja aberto, dedicado e comprometido em expandir seu conhecimento, aprimorar suas habilidades e evoluir como indivíduo em busca de uma vida financeiramente estável e gratificante. Aproveite as oportunidades de aprendizado que surgem em seu caminho e coloque-as em prática, sabendo que o investimento em seu próprio crescimento é um passo crucial para ganhar dinheiro sem trabalhar.

Com esse capítulo, você compreende a importância do aprendizado contínuo e recebe um guia prático para aproveitar ao máximo as oportunidades de aprendizado disponíveis. Lembre-se de que o conhecimento é uma ferramenta poderosa que pode impulsionar seu sucesso financeiro e levá-lo mais perto de alcançar seus objetivos de renda passiva.

CAPÍTULO 17: MAXIMIZANDO A EFICIÊNCIA

Quando se trata de buscar a renda passiva e alcançar a estabilidade financeira, a eficiência desempenha um papel fundamental. Neste capítulo, exploraremos a importância de maximizar a eficiência em todas as áreas de sua jornada em direção ao sucesso financeiro. Aprenderemos como otimizar seu tempo, recursos e esforços para obter os melhores resultados possíveis. Vamos descobrir técnicas e ferramentas práticas que podem aumentar sua produtividade e eficácia, permitindo que você aproveite ao máximo suas atividades relacionadas à renda passiva.

1. Defina suas prioridades: Comece definindo claramente suas metas e prioridades financeiras. Ao ter uma visão clara do que é mais importante para você, você pode direcionar seus esforços de forma estratégica e eficiente.

2. Planeje com antecedência: A eficiência é maximizada quando você se prepara adequadamente. Planeje suas tarefas, projetos e atividades com antecedência, estabelecendo prazos realistas e criando um roteiro detalhado para orientar suas ações.

3. Automatize tarefas rotineiras: Identifique tarefas repetitivas que consomem seu tempo e busque

maneiras de automatizá-las. Utilize ferramentas e softwares que possam realizar essas tarefas de forma eficiente, liberando seu tempo para se concentrar em atividades mais estratégicas.

4. Delegue quando possível: Reconheça que nem todas as tarefas precisam ser feitas por você. Considere a possibilidade de delegar atividades que possam ser realizadas por outras pessoas, permitindo que você concentre sua energia em áreas de maior impacto.

5. Utilize tecnologia a seu favor: Aproveite as inúmeras ferramentas e recursos tecnológicos disponíveis para aumentar sua eficiência. Use aplicativos de gerenciamento de tempo, organização e produtividade, bem como plataformas online que facilitam o trabalho remoto e a colaboração.

6. Pratique o gerenciamento do tempo: Aprenda a priorizar suas tarefas com base em sua importância e urgência. Utilize técnicas de gerenciamento do tempo, como o método Pomodoro, para melhorar sua concentração e produtividade.

7. Evite a multitarefa: Embora possa parecer que a multitarefa aumenta a eficiência, na realidade, ela diminui sua produtividade. Concentre-se em uma tarefa de cada vez e dê a ela sua atenção total antes de passar para a próxima.

8. Faça pausas estratégicas: Reconheça a importância de fazer pausas regulares durante suas atividades. Pequenas pausas podem ajudar a recarregar sua energia, manter seu foco e prevenir a exaustão mental.

9. Aprenda a dizer "não": Pratique dizer "não" a compromissos e tarefas que não estejam alinhados com seus objetivos e prioridades. Isso permite que você direcione sua energia para atividades que realmente contribuam para sua busca

pela renda passiva.

10. Aprimore suas habilidades: Busque constantemente melhorar suas habilidades relevantes para sua área de atuação. Identifique as competências-chave que podem impulsionar seus resultados e invista em cursos, treinamentos e capacitações que permitam aprimorar essas habilidades. Esteja sempre atualizado com as últimas tendências e inovações do seu campo, garantindo que você esteja equipado para enfrentar os desafios e aproveitar as oportunidades.

11. Pratique a organização: Manter-se organizado é essencial para maximizar a eficiência. Crie sistemas de organização para seus documentos, arquivos digitais, e-mails e outras informações importantes. Isso ajudará você a localizar rapidamente o que precisa, evitando desperdício de tempo e esforço.

12. Avalie e ajuste suas estratégias: Regularmente, avalie suas estratégias e abordagens em relação aos seus objetivos financeiros. Identifique o que está funcionando bem e o que pode ser melhorado. Faça ajustes e adaptações conforme necessário para otimizar seus resultados.

13. Cultive a disciplina: A eficiência requer disciplina e comprometimento. Desenvolva hábitos consistentes que o ajudem a manter o foco, cumprir prazos e seguir seu plano de ação. Lembre-se de que cada pequena ação feita de forma consistente contribui para o seu progresso a longo prazo.

14. Aprenda com os erros: Encare os erros como oportunidades de aprendizado. Quando algo não sair como o esperado, avalie o que deu errado e descubra como melhorar. Use essas experiências para aprimorar suas estratégias futuras e evitar repetir os mesmos erros.

15. Faça parcerias estratégicas:

Identifique oportunidades de colaboração com outras pessoas que compartilhem seus objetivos financeiros. Parcerias estratégicas podem ajudar a maximizar a eficiência, compartilhar conhecimentos e recursos, e impulsionar o crescimento mútuo.

16. Elimine distrações: Identifique as principais distrações que afetam sua produtividade e tome medidas para minimizá-las. Desligue notificações desnecessárias, crie um ambiente de trabalho livre de distrações e estabeleça limites para o uso de redes sociais e outras atividades que possam desviar sua atenção.

17. Aproveite o poder da simplicidade: Muitas vezes, a simplicidade é a chave para a eficiência. Simplifique processos complexos, reduza a desordem e concentre-se no que é essencial. Isso permitirá que você execute tarefas com mais rapidez e clareza, alcançando resultados melhores e mais rápidos.

18. Aprenda com os melhores: Estude e inspire-se em pessoas que alcançaram sucesso na busca pela renda passiva. Leia livros, assista a entrevistas, participe de eventos e siga influenciadores que tenham alcançado resultados significativos. Aprenda com suas experiências e estratégias, adaptando-as ao seu próprio caminho.

19. Mantenha-se motivado: A motivação é um fator-chave para manter a eficiência a longo prazo. Encontre maneiras de se manter motivado, definindo metas claras e inspiradoras, visualizando seu sucesso futuro e celebrando suas conquistas ao longo do caminho. Mantenha-se conectado com sua paixão pelo desenvolvimento da renda passiva e lembre-se constantemente dos benefícios que isso trará para sua vida.

20. Avalie e celebre seu progresso: Regularmente, faça uma análise honesta do seu progresso em direção aos seus objetivos de renda passiva. Celebre suas

conquistas e reconheça o quanto você avançou. Ao reconhecer seu progresso, você se manterá motivado e terá mais clareza sobre os próximos passos a serem dados.

Lembre-se de que maximizar a eficiência é uma jornada contínua. À medida que você se aprofunda na busca pela renda passiva, novos desafios e oportunidades surgirão. Esteja sempre aberto ao aprendizado e à adaptação. Ao aplicar as técnicas e estratégias discutidas neste capítulo, você estará no caminho certo para maximizar sua eficiência e alcançar seus objetivos financeiros.

Descubra o poder de otimizar seu tempo, recursos e esforços para obter resultados excepcionais em sua jornada em direção à renda passiva. Aproveite ao máximo suas habilidades, tecnologias e parcerias estratégicas para impulsionar seu progresso. Lembre-se de que a eficiência é um ingrediente essencial para conquistar a estabilidade financeira e desfrutar dos benefícios da renda passiva.

Continue sua jornada de aprendizado, implementação e aprimoramento. Combinando a eficiência com os conhecimentos adquiridos nos capítulos anteriores deste livro, você estará preparado para desvendar o segredo de ganhar dinheiro sem trabalhar.

CAPÍTULO 18: MONITORANDO E AVALIANDO SEU PROGRESSO

O acompanhamento e a avaliação de seu progresso são cruciais ao buscar a renda passiva. Neste capítulo, discutiremos a importância de monitorar suas atividades, analisar resultados e fazer ajustes quando necessário. Aprenda como definir metas claras, estabelecer indicadores-chave de desempenho e usar ferramentas de análise para acompanhar seu progresso em direção à independência financeira.

1. Definindo metas claras: Antes de começar a monitorar seu progresso, é essencial estabelecer metas claras e específicas relacionadas à sua renda passiva. Defina metas de curto prazo, médio prazo e longo prazo, levando em consideração seus objetivos financeiros e o tempo necessário para alcançá-los.

2. Estabelecendo indicadores-chave de desempenho (KPIs): Identifique os principais indicadores que você usará para medir seu progresso. Isso pode incluir métricas como o valor total de renda passiva gerada, a taxa de retorno dos investimentos ou o crescimento do seu negócio escalável. Os KPIs ajudarão a quantificar seu desempenho e acompanhar sua

evolução ao longo do tempo.

3. Utilizando ferramentas de análise: Existem diversas ferramentas disponíveis para auxiliar no monitoramento e análise de seu progresso. Ferramentas de contabilidade e finanças, como planilhas eletrônicas ou softwares de gestão financeira, podem ajudar a registrar e analisar suas receitas, despesas e lucros. Além disso, utilize ferramentas de análise de dados para extrair insights valiosos sobre seu desempenho e identificar áreas de melhoria.

4. Estabelecendo um cronograma de monitoramento: Defina um cronograma regular para monitorar seu progresso. Isso pode ser mensal, trimestral ou anual, dependendo da natureza de suas atividades de renda passiva. Durante esses períodos, analise seus KPIs, compare os resultados com suas metas estabelecidas e identifique oportunidades de otimização.

5. Realizando ajustes estratégicos: Ao analisar seu progresso, esteja aberto a fazer ajustes estratégicos quando necessário. Se uma determinada fonte de renda não está atingindo as expectativas, explore alternativas ou faça modificações em sua abordagem. Esteja disposto a abandonar estratégias que não estão funcionando e buscar novas oportunidades que possam impulsionar seus resultados.

6. Buscando feedback e orientação: Além de avaliar seu progresso por conta própria, busque feedback e orientação de pessoas experientes ou mentores na área de renda passiva. Eles podem oferecer insights valiosos, apontar áreas de melhoria e fornecer conselhos úteis para maximizar seus ganhos.

7. Celebrando as conquistas: À medida que você monitora seu progresso, é importante reconhecer e celebrar suas conquistas ao longo do caminho. Comemore marcos importantes e recompense-se pelo trabalho árduo e pelos

resultados alcançados. Isso irá manter sua motivação elevada e fortalecer sua determinação em busca da independência financeira.

8. Aprendendo com os erros: Durante o processo de monitoramento e avaliação, é natural cometer erros ou enfrentar desafios. No entanto, é fundamental aprender com essas experiências. Analise as falhas e identifique as lições que podem ser extraídas delas. Use essas aprendizagens para ajustar sua abordagem, fortalecer suas estratégias e evitar repetir os mesmos erros no futuro.

9. Mantendo registros precisos: Para uma avaliação precisa do seu progresso, é importante manter registros precisos de todas as suas atividades relacionadas à renda passiva. Mantenha registros detalhados de transações financeiras, investimentos, receitas e despesas. Isso permitirá que você acompanhe sua evolução de forma clara e tome decisões informadas com base em dados concretos.

10. Automatizando o processo de monitoramento: Busque maneiras de automatizar o processo de monitoramento sempre que possível. Utilize ferramentas tecnológicas que possam coletar dados e gerar relatórios automaticamente. Isso economizará tempo e esforço, além de oferecer informações atualizadas em tempo real sobre seu progresso financeiro.

11. Envolvendo-se em comunidades e grupos de apoio: Junte-se a comunidades e grupos de pessoas que também buscam renda passiva e independência financeira. Compartilhe suas experiências, discuta estratégias e aprenda com os sucessos e desafios dos outros. Esse networking pode ser valioso para obter insights, apoio emocional e até mesmo oportunidades de negócios.

12. Revisando e ajustando suas metas

regularmente: À medida que você avança em direção à sua renda passiva, é importante revisar e ajustar suas metas regularmente. À medida que alcança marcos e adquire mais conhecimento, suas metas podem evoluir e se expandir. Certifique-se de que suas metas estejam alinhadas com sua visão de longo prazo e faça os ajustes necessários ao longo do caminho.

13. Buscando educação contínua: O aprendizado não deve parar com o início da jornada rumo à renda passiva. Continue investindo em sua educação financeira e adquira conhecimentos atualizados sobre investimentos, estratégias de negócios e oportunidades de renda passiva. Isso garantirá que você esteja sempre bem informado e preparado para enfrentar os desafios em constante mudança do mundo financeiro.

14. Celebrando a liberdade financeira: Quando você alcançar a tão desejada liberdade financeira, celebre essa conquista. Desfrute dos benefícios de ter uma renda passiva estável e aproveite a liberdade para fazer o que mais ama. No entanto, lembre-se de continuar monitorando e avaliando seu progresso, mesmo após atingir esse marco. A liberdade financeira requer cuidado e manutenção contínuos.

Ao incorporar essas práticas de monitoramento e avaliação em sua jornada em busca da renda passiva, você estará melhor equipado para tomar decisões informadas, otimizar seus resultados e garantir a sustentabilidade de sua renda ao longo do tempo. Lembre-se de que o processo de monitoramento e avaliação é dinâmico e deve ser uma parte contínua e integrada de sua estratégia de renda passiva. Através da monitorização regular, avaliação criteriosa e ajustes estratégicos, você poderá maximizar seu progresso em direção à estabilidade financeira e à obtenção de uma renda passiva consistente.

Lembre-se de que o sucesso financeiro não é alcançado de uma só vez, mas sim através de um processo contínuo de aprendizado, adaptação e aprimoramento. Ao monitorar e avaliar seu progresso, você estará no controle de sua jornada e poderá tomar decisões informadas com base em dados reais.

Portanto, reserve um tempo regularmente para revisar seus objetivos, acompanhar seus indicadores-chave de desempenho e analisar seus resultados. Faça ajustes quando necessário e esteja aberto a experimentar novas estratégias. Lembre-se de que cada pessoa tem uma jornada única e o que funciona para uma pessoa pode não funcionar para outra. A chave está em encontrar as abordagens e táticas que melhor se adequam às suas circunstâncias e objetivos pessoais.

Avalie não apenas seus resultados financeiros, mas também o impacto em sua qualidade de vida e bem-estar geral. A renda passiva deve ser um meio para alcançar uma vida equilibrada e gratificante, permitindo que você desfrute de tempo livre, liberdade e realização pessoal.

Por fim, celebre suas conquistas ao longo do caminho. Cada marco alcançado e cada passo em direção à independência financeira são motivos para comemorar. Reconheça o progresso que você fez e use isso como motivação para continuar avançando em sua jornada.

Lembre-se de que o monitoramento e a avaliação são ferramentas poderosas para impulsionar seu sucesso financeiro. Ao aplicar essas práticas em sua vida, você estará no caminho para descobrir o segredo de ganhar dinheiro sem trabalhar e desfrutar dos benefícios de uma renda passiva sustentável.

Continue aprendendo, ajustando e buscando oportunidades. Esteja comprometido com sua visão de independência financeira e saiba que cada esforço e investimento em si mesmo valerá a pena. Aproveite o processo, mantenha-se motivado e alcance os resultados que você deseja.

O capítulo 18: "Monitorando e Avaliando seu Progresso" é uma etapa fundamental em seu caminho em direção à renda passiva e à estabilidade financeira. Com uma abordagem sistemática e um compromisso contínuo com a melhoria, você estará bem encaminhado para alcançar seus objetivos financeiros e desfrutar de uma vida mais próspera e abundante.

CAPÍTULO 19: APROVEITANDO A LIBERDADE FINANCEIRA

Chegou o momento tão esperado de colher os frutos da sua jornada em busca da renda passiva e da estabilidade financeira. Neste capítulo, iremos explorar como a liberdade financeira pode transformar sua vida de maneiras extraordinárias. Você descobrirá como aproveitar o tempo, a flexibilidade e as oportunidades que a renda passiva pode proporcionar, permitindo que você desfrute de uma vida abundante e gratificante sem as restrições financeiras do passado.

1. Liberando tempo para o que realmente importa
- Aprenda a delegar tarefas e automatizar processos para ter mais tempo livre.
- Descubra como definir prioridades e focar nas atividades que trazem maior satisfação pessoal.
- Explore maneiras de equilibrar trabalho e lazer, aproveitando ao máximo cada momento.

2. Viajando e explorando o mundo
- Saiba como planejar viagens e explorar diferentes lugares sem se preocupar com as finanças.

- Descubra estratégias para aproveitar descontos e benefícios exclusivos como renda passiva.

- Aprenda a conciliar sua paixão por viagens com a construção de sua renda passiva.

3. Investindo em experiências significativas

- Entenda como usar sua renda passiva para investir em experiências que enriquecem sua vida.

- Explore atividades como cursos, workshops e retiros que contribuem para seu crescimento pessoal.

- Descubra maneiras de criar memórias duradouras com seus entes queridos.

4. Contribuindo para causas sociais e filantrópicas

- Saiba como usar sua renda passiva para causar um impacto positivo na sociedade.

- Explore oportunidades de envolvimento em organizações sem fins lucrativos e projetos de responsabilidade social.

- Descubra como sua contribuição pode fazer a diferença e trazer uma sensação de propósito e realização.

5. Desenvolvendo hobbies e paixões

- Invista tempo e recursos em hobbies e interesses que lhe trazem alegria e satisfação.

- Descubra como transformar seus talentos em empreendimentos lucrativos com a ajuda da renda passiva.

- Explore atividades criativas, esportivas e intelectuais que o inspiram e estimulam seu crescimento pessoal.

6. Buscando o equilíbrio entre trabalho e vida pessoal

- Aprenda a estabelecer limites

saudáveis entre sua vida profissional e pessoal.

- Descubra estratégias para evitar o esgotamento e manter um estilo de vida equilibrado.

- Explore maneiras de nutrir relacionamentos significativos e aproveitar momentos de qualidade com sua família e amigos.

Lembre-se de que a liberdade financeira não se trata apenas de acumular riqueza, mas sim de ter controle sobre sua vida e a capacidade de aproveitar cada momento. Aproveite ao máximo os benefícios da renda passiva, encontrando um equilíbrio entre o trabalho, o lazer e a busca de suas paixões.

Aproveitar a liberdade financeira é um processo contínuo. À medida que você expande e aprofunda sua renda passiva, novas oportunidades surgirão e você poderá continuar explorando e aproveitando os benefícios dessa conquista. É fundamental monitorar seu progresso e realizar avaliações periódicas para garantir que você está no caminho certo e fazer ajustes quando necessário. Aqui estão algumas estratégias adicionais para aproveitar ao máximo a liberdade financeira:

7. Realizando sonhos e projetos pessoais

- Identifique seus sonhos e projetos de longo prazo e utilize sua renda passiva para torná-los realidade.

- Estabeleça metas claras e crie um plano de ação para alcançá-las.

- Aprenda a administrar seus recursos financeiros de forma eficiente, priorizando o que é mais importante para você.

8. Compartilhando conhecimento e inspirando outros

- Compartilhe sua jornada de renda passiva e inspire outras pessoas a buscar a estabilidade financeira.

- Considere a possibilidade de escrever

um livro, criar um blog ou oferecer palestras para transmitir seu conhecimento.

- Ao ajudar os outros, você fortalece sua própria compreensão e contribui para uma comunidade financeiramente consciente.

9. Expandindo seus investimentos e diversificando sua renda

- Continue aprendendo sobre diferentes tipos de investimentos e oportunidades de renda passiva.

- Diversifique seus investimentos para minimizar riscos e maximizar os retornos.

- Esteja aberto a novas ideias e esteja disposto a explorar outras fontes de renda que complementem sua estratégia atual.

10. Cultivando uma mentalidade de abundância

- Desenvolva uma mentalidade de gratidão e reconheça as bênçãos que a liberdade financeira trouxe para sua vida.

- Cultive uma visão positiva do dinheiro e veja-o como uma ferramenta para criar impacto e realizar seus sonhos.

- Esteja aberto a oportunidades e acredite que sempre há mais por vir, permitindo que você aproveite ao máximo a jornada da renda passiva.

Aproveitar a liberdade financeira é um privilégio e uma responsabilidade. Lembre-se de manter um equilíbrio saudável, apreciar cada conquista ao longo do caminho e compartilhar seu sucesso com aqueles que o rodeiam. Continue aprendendo, ajustando e crescendo à medida que busca a excelência na construção de sua renda passiva e desfruta da vida abundante que ela pode proporcionar.

Parabéns por chegar ao Capítulo 19: Aproveitando a Liberdade Financeira! Este é um marco significativo em sua jornada em direção à independência financeira. Continue perseverando e mantendo-se motivado, pois o próximo capítulo explorará estratégias para sustentar seu progresso e continuar crescendo.

CAPÍTULO 20: MANTENDO-SE MOTIVADO E CRESCENDO

No último capítulo, discutimos como alcançar a liberdade financeira e aproveitar os benefícios da renda passiva. Agora, chegou o momento de abordarmos um aspecto essencial para sustentar esse sucesso a longo prazo: manter-se motivado e continuar crescendo. Ao longo dessa jornada rumo à renda passiva, é comum enfrentar desafios, momentos de estagnação e até mesmo a tentação de se acomodar. Neste capítulo, exploraremos estratégias poderosas para manter seu entusiasmo, superar a complacência e buscar constantemente novos desafios e oportunidades.

1. A importância da motivação contínua
- Compreenda a necessidade de manter-se motivado mesmo após alcançar a estabilidade financeira.

- Reconheça que a motivação é um impulso fundamental para o crescimento pessoal e a busca de novas metas.

2. Definindo metas desafiadoras
- Estabeleça metas inspiradoras e

desafiadoras para impulsionar seu crescimento.

- Divida suas metas em etapas alcançáveis e acompanhe seu progresso regularmente.

3. Cultivando uma mentalidade de crescimento

- Adote uma mentalidade de crescimento, acreditando que você pode aprender, evoluir e melhorar constantemente.

- Veja os desafios como oportunidades de aprendizado e esteja aberto a novas experiências.

4. Buscando novos conhecimentos e habilidades

- Invista em sua educação financeira e em seu desenvolvimento pessoal.

- Explore cursos, workshops, livros e recursos online para adquirir novas habilidades e conhecimentos relevantes para a renda passiva.

5. Encontrando mentores e modelos de inspiração

- Busque mentores que possam orientá-lo em sua jornada e compartilhar suas experiências.

- Estude histórias de sucesso de pessoas que alcançaram a independência financeira e use-as como fonte de inspiração.

6. Saindo da zona de conforto

- Esteja disposto a enfrentar desafios e sair da sua zona de conforto.

- Experimente novas estratégias e aborde projetos que o ajudem a expandir seus horizontes e ampliar seu potencial de renda passiva.

7. Construindo uma rede de suporte

- Cerque-se de pessoas que

compartilham seus objetivos e visão de vida.

- Participe de grupos e comunidades online ou offline relacionados à independência financeira e à renda passiva.

8. Avaliando e ajustando seu plano de ação

- Realize avaliações regulares de seu progresso e faça os ajustes necessários em seu plano de ação.

- Esteja aberto a adaptar-se a novas circunstâncias e aprimorar continuamente sua estratégia.

9. Celebrando as conquistas e gratidão

- Celebre suas realizações ao longo do caminho, mesmo as menores.

- Pratique a gratidão, reconhecendo e apreciando as bênçãos que a renda passiva trouxe para sua vida.

10. Contribuindo para um propósito maior

- Encontre significado em sua jornada rumo à renda passiva, identificando maneiras de contribuir para um propósito maior.

- Considere a possibilidade de investir em causas sociais ou em projetos que beneficiem a comunidade, alinhados aos seus valores e interesses.

11. Cultivando o equilíbrio e o bem-estar

- Reconheça a importância do equilíbrio entre trabalho, família e lazer.

- Priorize sua saúde física, mental e emocional, buscando atividades que o ajudem a recarregar as energias.

12. Compartilhando seu conhecimento e experiência

- Compartilhe seus conhecimentos e

experiências com outras pessoas interessadas em conquistar a independência financeira.

- Ensine e inspire outros a trilharem seu próprio caminho em busca da renda passiva.

13. Adaptando-se às mudanças do mercado

- Esteja atento às mudanças e tendências do mercado financeiro e de negócios.

- Adapte sua estratégia conforme necessário para aproveitar novas oportunidades e se manter relevante.

14. Buscando aprimoramento contínuo

- Mantenha-se atualizado com as últimas informações, tendências e estratégias relacionadas à renda passiva.

- Reserve tempo para ler livros, acompanhar blogs e podcasts relevantes e participar de eventos do setor.

15. Mantendo-se conectado à sua visão e propósito

- Lembre-se constantemente de sua visão e do motivo pelo qual você busca a renda passiva.

- Revise regularmente seus objetivos e reafirme seu compromisso em alcançá-los.

16. Aproveitando o processo de crescimento pessoal

- Reconheça que o processo de busca da renda passiva não se trata apenas do resultado final, mas também do crescimento pessoal que você experimenta ao longo do caminho.

- Aprecie as lições aprendidas, as habilidades adquiridas e o desenvolvimento pessoal que ocorrem durante essa jornada.

17. Encontrando equilíbrio entre segurança financeira e realização pessoal

- Busque um equilíbrio entre alcançar a segurança financeira por meio da renda passiva e buscar realizações pessoais e felicidade em outras áreas da vida.

- Não se restrinja apenas à busca da riqueza material, mas também cultive relacionamentos saudáveis, hobbies gratificantes e experiências enriquecedoras.

À medida que você conclui a leitura deste livro e deste capítulo final, lembre-se de que a jornada rumo à renda passiva é uma busca contínua. Mantenha-se motivado, aberto a aprender e crescer, e aproveite os benefícios da liberdade financeira que você alcançou. Que este livro tenha fornecido a inspiração, o conhecimento e as estratégias necessárias para você descobrir o segredo de ganhar dinheiro sem trabalhar. Agora é o momento de começar sua jornada e construir a vida abundante e gratificante que você deseja.